国民经济动员集成动员初探

韩秋露 著

北京理工大学出版社
BEIJING INSTITUTE OF TECHNOLOGY PRESS

版权专有 侵权必究

图书在版编目（CIP）数据

国民经济动员集成动员初探/韩秋露著. —北京：北京理工大学出版社，2019.10
ISBN 978-7-5682-7699-3

Ⅰ.①国… Ⅱ.①韩… Ⅲ.①中国经济-国民经济管理-研究 Ⅳ.①F123

中国版本图书馆 CIP 数据核字（2019）第 223138 号

出版发行 /	北京理工大学出版社有限责任公司
社　　址 /	北京市海淀区中关村南大街5号
邮　　编 /	100081
电　　话 /	（010）68914775（总编室）
	（010）82562903（教材售后服务热线）
	（010）68948351（其他图书服务热线）
网　　址 /	http：//www.bitpress.com.cn
经　　销 /	全国各地新华书店
印　　刷 /	三河市华骏印务包装有限公司
开　　本 /	710毫米×1000毫米　1/16
印　　张 /	12.5
字　　数 /	204千字
版　　次 /	2019年10月第1版　2019年10月第1次印刷
定　　价 /	52.00元

责任编辑 / 申玉琴
文案编辑 / 申玉琴
责任校对 / 刘亚男
责任印制 / 李志强

图书出现印装质量问题，请拨打售后服务热线，本社负责调换

前　言

　　本书探讨国民经济动员的一种新型动员模式——集成动员的体系构建，是现代管理学"集成化""一体化"思想在国民经济动员学学科的延伸和发展，主要借鉴集成产品开发理论，从集成动员的基础理论、业务模式、业务流程、能力评估、资源管理等方面展开系统化的探索，为丰富国民经济动员学的理论体系和国民经济动员工作实践提供参考与借鉴。

　　本书整体思路和结构如下：第一章是概述部分，结合当前的政府和军队改革的时代背景，选择具备连接经济建设与国防建设的桥梁和纽带作用的国民经济动员为主题，探讨符合时代要求的动员新模式，阐述研究背景和研究意义，理清国民经济动员学理论发展的各个阶段，明确国民经济动员的几种实现方式，提出本书的研究框架、研究方法和技术路线图等。第二章是集成动员的理论基础，对集成动员的理论来源——集成产品开发（Integrated Product Development，IPD）进行梳理，明确集成产品开发理论核心要素、整体框架以及其在 IBM 公司的具体实施方式；辨析集成动员与敏捷动员的关系，提出集成动员概念，即涵盖国民经济动员全过程的整合式工作模式，也是敏捷动员的具体实现形式；详细阐述集成动员的五大研究内容，包括组员组合、组织结构、主线等。第三章是集成动员的业务模式研究，在基本理论的基础上，提出由集成动员管理层、供应层以及集成动员指挥关系构成的集成动员的双层柔性连接业务模式，明确集成动员的五大主体，并着重对协调主体和执行主体的职能职责进行分析，并基于现实存在的问题，提出集成动员业务总线体系，重点探讨管理总线和多任务管理中心模式，以发挥协调部门、解决冲突的功能。第四章是集成动员的业务流程研究，对集成动员进行阶段划分，明确集成动员的主要业务活动。借助 ARIS 图形化方式，改进和运用扩展的事件驱动过程链模型（extended Event – driven Process Chain，eEPC）对集成动员业务流程进行模型构建，并以算例检验模型的通用性和针对性。第五章是集成动员执行主体的动员能力评估研究，通过分析影响执行主体动员能力的多种因素，阐明执行主体的多状态特征，提出执行主体动员能力的概念。基于多状态特征，运用通用生成函数（Universal Generating Function，UGF），分别构建无任何约束条件以及有成本约束条件的执行主体动员能力通用评估模型。以帐篷动员为算例，得出执行主体动员能力大小，验证通用模型的有效性。并通过数据对比分析，得出影响执行主体动员能力大小的因素，相应给出提高执行主体动员能力的建议，为执行主体提高动员能力提供了科学的决策支持和实践指导。第六章是集成动员供应主体链的动员能力评估研究，阐述供应主体间的多种链接方式，明确供应主体链的随机性来源，提出供应主体链动员能力的概念。运用通用生成函数表征其随机性，构建集成动员供应主体链的动员能力通用评估模型。以汶川地震的活动板房动员为例，对模型进行验证，得出供应主体链的最大动员能力以及满意动员能力的具体路径，为降低供应主体链运作风险提供一种快捷寻找路线的科学化方式。第七章是结论与展望。

  本书面向提升国民经济动员实际工作能力的需要，对集成动员基础体系进行了初探，尽可能全面地阐述集成动员的理论内涵和集成动员的应战应急资源保障能力。但体系本身就是一项综合、系统、复杂的研究内容，且本书旨在创立一种全新的国民经济动员模式，已有的研究基础并不雄厚，涉及的研究主体关系复杂，因此，本书对于集成动员的许多观点和文字仅代表本人的研究能力。

  本书是在国家国民经济动员教育培训中心常务副主任、北京理工大学管理与经济学院副院长、博士生导师孔昭君教授的悉心指导下完成的。导师长期从事国民经济动员和国防动员的研究工作，在国民经济动员学术圈内享有很高的声誉，有着深厚的国民经济动员理论功底和丰富的动员实践经验，他在本书的整个写作过程中提供了极大帮助，从初始题目的拟定、资料收集、研究框架搭建，到中期章节具体内容撰写乃至最终的成稿，都给予了莫大的支持和帮助，逐字逐句对稿件进行了修改和校对。"师者，所以传道授业解惑也",可以说,没有导师的指导和帮助,本书难以顺利完成并出版发行。同时,感谢张纪海教授从本人学生时代一直以来的帮助和指导,尤其是在本书出版发行中给予的帮助。

本书在修改完善过程中,得到了师弟张萌的帮助,在此表示感谢。本书在动员能力评估模型构建中,得到了赵先教授、师妹王小越以及同学黄岚博士的帮助,在此表示感谢。本书在写作过程中,参考了国内外许多学者、译者的著作和研究成果,在此对这些作者表示感谢。感谢北京理工大学出版社的编辑和工作人员对本书编辑出版付出的辛勤劳动。由于本人水平所限,拙著中难免存在不足和纰漏,敬请各位专家、学者、同仁批评指正。

目　　录

第一章　概述 ·· 1
　第一节　集成动员体系研究的背景及意义 ··· 1
　　一、推动新时代国民经济动员工作 ··· 2
　　二、深化敏捷动员理论 ·· 4
　第二节　国民经济动员的发展历程 ·· 5
　　一、国民经济动员学理论发展阶段 ··· 5
　　二、国民经济动员的实现方式 ·· 7
　第三节　集成动员的主要研究内容 ··· 12
第二章　集成动员基础理论研究 ·· 15
　第一节　集成动员的理论渊源 ·· 15
　　一、集成产品开发理论的形成 ·· 16
　　二、IPD 的核心要素和整体框架 ·· 17
　　三、IPD 在 IBM 公司的具体实施 ··· 18
　　四、IPD 的广泛影响 ··· 20
　第二节　从集成产品开发到集成动员 ··· 22
　　一、移植集成产品开发理念的可行性 ··· 22
　　二、集成产品开发理念的借鉴 ··· 23
　　三、集成理念对国民经济动员的重要性 ·· 25

四、集成动员与敏捷动员的关系 …………………………… 27
　第三节　集成动员的基本理论 …………………………………… 28
　　一、集成动员的动员组合 …………………………………… 29
　　二、集成动员的组织结构 …………………………………… 30
　　三、集成动员的矩阵型组织 ………………………………… 33
　　四、集成动员的主线 ………………………………………… 35
　　五、集成动员基础性工作 …………………………………… 37
　本章小结 …………………………………………………………… 38

第三章　集成动员业务模式研究 …………………………………… 41
　第一节　国民经济动员业务模式 ………………………………… 41
　　一、国民经济动员任务分解 ………………………………… 42
　　二、集成动员业务模式构建的基本思路 …………………… 43
　　三、双层柔性连接业务模式 ………………………………… 46
　第二节　集成动员管理层 ………………………………………… 46
　　一、管理层的各类动员主体 ………………………………… 47
　　二、集成动员的管理总线 …………………………………… 51
　　三、集成动员的多任务管理中心模式 ……………………… 53
　　四、维护和完善集成动员管理组织模式 …………………… 56
　　五、集成动员管理层案例 …………………………………… 59
　第三节　集成动员供应层 ………………………………………… 63
　　一、集成动员供应层的基本单元 …………………………… 63
　　二、集成动员的供应总线 …………………………………… 64
　第四节　集成动员的业务总线体系 ……………………………… 66
　第五节　集成动员指挥关系 ……………………………………… 68
　　一、集成动员指挥关系的依据 ……………………………… 68
　　二、集成动员指挥的手段 …………………………………… 69
　　三、集成动员的指挥结构 …………………………………… 71
　本章小结 …………………………………………………………… 72

第四章　集成动员业务流程 ………………………………………… 75
　第一节　集成动员业务流程概述 ………………………………… 76
　　一、集成动员业务流程研究的重要性 ……………………… 76
　　二、集成动员业务流程标准化的难点 ……………………… 79
　第二节　集成动员业务流程框架 ………………………………… 80

  一、动员准备阶段 …………………………………………… 81
  二、动员启动阶段 …………………………………………… 83
  三、动员保障阶段 …………………………………………… 88
  四、经济复员阶段 …………………………………………… 88
 第三节 基于 ARIS 的业务流程体系构建 ……………………… 89
  一、ARIS 简介 ……………………………………………… 89
  二、基于 ARIS 的目标建模 ………………………………… 92
  三、基于 ARIS 的功能树建模 ……………………………… 94
  四、基于 ARIS 的业务流程建模 …………………………… 98
 第四节 集成动员业务流程案例分析 …………………………… 105
  一、案例背景 ……………………………………………… 105
  二、动员准备阶段业务流程 ……………………………… 105
  三、动员启动阶段业务流程 ……………………………… 106
  四、动员保障阶段业务流程 ……………………………… 109
  五、经济复员阶段业务流程 ……………………………… 111
 本章小结 ………………………………………………………… 112

第五章 执行主体动员能力评估 ………………………………… 115
 第一节 关于执行主体动员能力的理论分析 ………………… 116
  一、执行主体动员能力的概念 …………………………… 116
  二、执行主体动员能力随机性分析 ……………………… 117
 第二节 执行主体动员能力评估 ……………………………… 123
  一、建模假设 ……………………………………………… 123
  二、模型描述 ……………………………………………… 124
  三、模型求解 ……………………………………………… 126
 第三节 算例研究 …………………………………………………… 130
  一、算例描述 ……………………………………………… 130
  二、执行主体动员能力分析 ……………………………… 131
  三、影响执行主体动员能力的因素 ……………………… 132
 第四节 资金约束下的执行主体动员能力评估 ……………… 134
  一、建模假设 ……………………………………………… 134
  二、模型描述 ……………………………………………… 135
  三、模型求解 ……………………………………………… 137
  四、资金约束下的模型优化 ……………………………… 139

第五节　算例研究 …………………………………………… 140
　一、算例描述 ……………………………………………… 140
　二、执行主体动员能力求解 ……………………………… 141
本章小结 ………………………………………………………… 141

第六章　供应主体链动员能力评估 ………………………… 143
第一节　供应主体链动员能力的理论分析 …………………… 144
　一、供应主体职能分类及链接方式 ……………………… 144
　二、供应主体链的随机性分析 …………………………… 150
　三、供应主体链动员能力的概念 ………………………… 152
第二节　供应主体链动员能力评估 …………………………… 154
　一、建模假设 ……………………………………………… 154
　二、模型描述及构建 ……………………………………… 155
第三节　案例研究 ……………………………………………… 158
　一、案例描述 ……………………………………………… 158
　二、供应主体链的动员能力求解 ………………………… 161
　三、供应主体链动员能力分析 …………………………… 163
本章小结 ………………………………………………………… 164

第七章　结论与展望 …………………………………………… 165
第一节　结论与成果 …………………………………………… 165
第二节　局限与展望 …………………………………………… 167

参考文献 ………………………………………………………… 169

附录Ⅰ …………………………………………………………… 178
　执行主体动员能力评估算例的 MATLAB 代码 ……………… 178

附录Ⅱ …………………………………………………………… 186
　供应主体链动员能力评估案例的 MATLAB 代码 …………… 186

第一章 概 述

国民经济动员学是在全面建设小康社会的背景下诞生的一门新兴学科,其宗旨是探索国民经济动员活动的规律性,建立国民经济动员学的理论体系,探索促进国民经济动员事业发展的对策与措施,贯彻落实国家总体安全观,推进国民经济动员事业的发展,实现国防建设与经济建设融合发展。

第一节 集成动员体系研究的背景及意义

《2004年中国的国防》白皮书明确给出了国民经济动员的定义:"国民经济动员是为保卫国家安全,有计划、有组织地提高国民经济应变能力的活动。"国民经济动员是服务于国家总体安全,将国民经济潜力转化为国防实力的重要途径,是促进国防建设与经济建设融合发展的有力抓手。国民经济动员活动诞生于革命和战争年代,为赢得战争胜利提供了重要支撑。在和平年代的经济建设活动中,兵器工业系统一直注重国民经济动员工作,设有专门机构和专职人员。同时,我国一批学术先驱高屋建瓴,拓展了战争年代经动员的理念,刘鸿基、胡桂清、潘孝先、王立新等以国家经济动员办公室第一任主任陈德第为首的一批专家、学者把"战争动员"拓展为"国防动员"。也正是在这批专家、学者的呼吁下，国家国防动员委员会于1994年成立，建立了包括人民武装、国民经济动员、人民防空、交通战略的国防动员体系。还是这批专家、学者，通过不断努力，提出了国民经济动员为保障国家安全服务的思想。也是这批学者推进了关于国家安全观念的研究，直到十八届三中全会决定成立国家安全委员会，习近平总书记在国家安全委员会第一次全体会议上系统地阐述了国家总体安全观。

对国民经济动员理论体系的创新研究，对于完善国民经济动员学科具有重大的现实意义。集成动员作为国民经济动员的一种创新模式，研究其整个体系，明确其组织架构和运行机制具有重大的理论价值和实践意义。

一、推动新时代国民经济动员工作

国民经济动员是连接国防建设与经济建设的桥梁和纽带，是促进经济建设与国防建设协调发展的重要途径。当前，我国正处于实现中华民族伟大复兴的新时代，在政府和军队改革的背景下，国民经济动员体系建设，尤其是国民经济动员体制机制需要新突破、新发展。

在中华民族抵御外侮、争取民族独立和人民解放的历史进程中，国民经济动员活动曾经发挥了重大作用。抗日战争时期，经过中国共产党的不懈努力，建立了抗日民族统一战线，中国全面抗战的大好局面终于形成。于是，海外侨胞共赴国难，为祖国抗战提供了不可缺少的经济援助，全国人民更是被宏伟的目标所感召，动员了大量的人力和物力支援抗日战争，史迪威公路、芷江机场都是动员了广大人民群众，用最原始的工具，通过最艰苦的努力修建起来的。中国共产党所领导的敌后战场和陕甘宁边区，更是在极端艰难的条件下，开展了广泛的边区经济动员，被称为"中国的保尔·柯察金"的吴运铎既是当时边区经济动员的代表，也是那个历史阶段的科技动员先锋。南泥湾大生产不仅支持了边区政府，更支持了敌后战场。此外，我国在抗美援朝战争中也进行了广泛的国民经济动员，正是在这种强大力量的支持下，刚刚成立的中华人民共和国政府指挥中国人民志愿军狠狠地教训了武装到牙齿的美军。

中华人民共和国成立以后，我国的国民经济动员历史大致可以分为五个时期：①战争时期（1950—1953年）的国民经济动员工作，主要是保障抗美援朝战争；②临战时期（1953—1960年）的国民经济动员工作，主要是保障和平时期的社会主义建设事业；③备战时期（1960—1978年）的国民经济动员工作，主要是保障平时经济体制向战时经济体制转型；④调整时期（1978—1994年）的国民经济动员工作，主要是进行理论准备和实践摸索；⑤发展时期（1994年以后），即新时期国民经济动员工作建设与发展阶段。

自1979年对越自卫反击战以后，我国一直处于和平环境中。但是，在和平环境下的国防建设更为不易，直到今天回顾"十三五"时期国民经济动员工作时，很多有识之士都指出，长期的和平环境弱化了国防意识，弱化了国民经济动员意识。在这种大背景下，国家经济动员办公室曾经采取一系列措施来提高全社会的国防意识和国民经济动员意识，一步一个脚印地推进国民经济动员工作。例如，国家经济动员办公室推进国民经济动员立法工作，先后推进了国防法和国防动员法的正式出台，还在积极推进国民经济动员法的立法进程；国家经济动员办公室积极推进国民经济动员常态化工作，上海市国民经济动员办公室开创了新时期国民经济动员工作的很多新举措，宁波市国民经济动员办公室创建了敏捷动员的"宁波模式"。国家经济动员办公室还组织推进了一系列强化国民经济动员能力的实践活动，包括国民经济动员演练、国民经济动员潜力调查、国民经济动员预案编制、国民经济动员信息化建设等。但是，综观全国国民经济动员领域，国民经济动员体制机制的突破性进展还在酝酿之中。尤其是，世界新军事革命进入新的质变阶段，信息化战争步伐随之加快，信息化条件下，我国国民经济动员如何向纵深突破亦需要深入探讨。

国家国防动员委员会确立了"军队提需求，国动委搞协调，政府抓落实"的工作格局，也多次号召建立"战时应战，急时应急，平时服务"的国防动员体制，但是，国民经济动员在政府层面依然是国民经济动员机构单打独斗，甚至连机构都很不健全，目前全国只有三分之一的省份在省级行政机构设有单独的国民经济动员机构，有三分之一的省份在省级行政机构设有合署办公的国民经济动员机构，有三分之一的省份只在省级行政机构设有兼职人员。并且，多数国民经济动员机构基本处于被动应付的工作状态。究其原因，绝大多数人认为国民经济动员就是国防业务，而国防又是中央政府的事务。政府机关很多人认为国民经济动员就是为军队服务的，就是发展和改革委员会的职能，并且是发展和改革委员会的一个处级机构的职能，与其他部门关系不大。同时，随着当前政府机构改革的进一步深化，部分省市的国民经济动员机构从政府行政机构调整成为党委机构。如此，有些省市国民经济动员机构在政府序列，有些省市国民经济动员机构在党委序列。同时，当前军队改革中已经确立的"军委管总、战区主战、军种主建"的基本格局下，战区的国防动员尤其是国民经济动员如何开展尚未定论，国民经济动员的军地关系有待进一步明确。信息化战争背景下，在战区主战的前提下，战区如何与地方政府进行快速、有效的需求对接。这种情况下，国民经济动员体制如何重新建立，机制如何运行，都是需要我们重新深入研究的问题。

因此，必须重新探讨国民经济动员的本质，探讨国民经济动员的责任主体。按照《中华人民共和国国防法》的规定，国民经济动员是地方县以上各级人民政府的国防职能，也就是说各级人民政府才是国民经济动员的责任主体，那么，各级政府的组成部门、职能部门就难脱干系。然而，尽管可以从理论上澄清模糊认识，在工作中强调职能和义务，但是，如果缺少有效整合政府各组成部门、职能部门的工作模式，那么，落实政府的国民经济动员职能依然是举步维艰。

正是在这种背景下，重新探讨国民经济动员体系建设，阐述国民经济动员模式，引入符合国民经济动员理念的、与时代特征合拍的工作模式，对于开拓国民经济动员事业的新局面具有重要的现实意义。

二、深化敏捷动员理论

敏捷动员理论是北京理工大学国民经济动员学术团队的重要学术成果。它是一种旨在提高动员适应性和动员效率、缩减动员外部性影响的动员理论和模式，其核心思想是在现代信息技术的支持下，以动态联盟组织为核心，通过资源整合，快速、高效地执行动员任务，核心架构是动员联盟。但是，动员联盟只是指明了完成国民经济动员任务需要把相关各方联系起来，组成一个动态的联盟，或者虚拟企业，并未说明其内部相互的链接方式及其内部机理。

为此，北京理工大学学术团队提出了"国民经济动员链"的概念，试图从供应链的角度说明组建动员联盟的依据。应该说，国民经济动员链理论往前走了一步，但是，依然没有解决如何构建供应链的问题，因为国民经济动员不同于商业化的生产和经营活动，其内部机理必然与商业供应链有所不同。

集成产品开发本身就具有一套成熟的开发模式与方法，如组建多种团队,实现跨部门、跨系统的协同,异步开发模式等。将其核心理念、实现手段移植到动员领域,建立集成动员理论,有助于升级国民经济动员工作模式,提高国民经济动员的效率。依托集成动员的模式和方法,更进一步实现敏捷动员的敏捷性,提高敏捷动员的可操作性。

第二节 国民经济动员的发展历程

一、国民经济动员学理论发展阶段

现代国民经济动员学理论发展经历了经典动员理论阶段和敏捷动员理论阶段,其中经典动员理论阶段包括传统动员理论阶段和大动员理论阶段。

(一)传统动员理论

(1)快速动员理论。

快速动员理论主要应对的是如何打赢未来信息化条件下的局部战争。在规定的时限内,按照预案动员战区内人力、物力、财力等支援和保障战区作战,重点研究战区内的快速动员,把战区内资源作为日常动员准备的重心。

(2)一体化动员理论,又称联合动员理论。

该理论由国防动员一体化衍生而来,强调动员活动的系统性,以信息系统为支撑,通过动员系统整体、全面的反应使动员系统具备强大的动员能力,确保动员与作战无缝链接、融为一体、实时互动,从而满足战时对资源的多样化需求。

(3)精确动员理论。

该理论主要强调"精确"二字,表现为精确的动员量和精准的动员规模,核心就是适度动员——以能够满足战争的客观需求为尺度,动员速度以随时随地提供适时保障为标准,动员范围或地域以适应战争需要为基础,整个动员工作在动员任务完成的前提下,尽可能地降低动员成本。

(4)渐进反应动员理论。

该理论的核心是国家根据动员级别设定为若干渐进反应,逐级启动相应渐进反应的动员，其本质就是"有限度动员""有针对性的动员"或"精确动员"。

（二）大动员理论

从上面可以看出，我国传统的国民经济动员理论具有明显的"战时"倾向性，只是服务于战争，功能比较单一。但随着时代的进步，这种传统的动员理论已经无法满足国家安全观赋予经济动员的新任务。因此，2003年，国民经济动员领域的学者和专家在总结抗击SARS中动员发挥的作用时，正式将"应急"功能纳入国民经济动员体系中。孔昭君教授就动员的双重功能，提出了大动员理论。大动员理论将国民经济动员与国家应急管理体系相结合，认为新时期的国民经济动员必须以新的国家安全观为指引，服务于国家安全。此时的国民经济动员是"为了保障国家安全，有计划、有组织地提高国民经济动员应变能力的活动"。大动员理论将国民经济动员从应战的传统动员模式扩展到为保障国家安全服务的"双应"的"大动员"观念，做好"平时服务、急时应急、战时应战"的工作。

（三）敏捷动员理论

敏捷动员理论是当前国民经济动员领域的一种主流理论，是在现代信息技术的支撑下，提高动员组织适应性和动员效率的一种有效手段，是一种全新的、旨在提高动员适应性和动员效率、缩减动员外部性影响的动员理论和模式，是一种"由政府管理的、以动态联盟为核心的、在现代信息技术支持下的，通过资源整合，实现快速、高效的动员活动的动员模式"。

孔昭君教授首先全面阐述了敏捷动员的概念和内涵，并深入研究了其实践雏形——宁波模式。张纪海分析了敏捷动员的内涵、特征等，认为敏捷动员是指在现代信息技术的支持下，以动态联盟组织为核心，通过资源整合，快速、高效地执行动员任务的活动。董平总结了动员理论的发展，并在此基础上分析了敏捷动员体系结构、运行机制及核心理念等。李连宏、郭瑞鹏、聂彤彤以敏捷动员理论为基础，分别研究了物资的敏捷动员问题、应急物资动员的决策问题和动员物流能力评价问题。王成敏等以敏捷动员理论为指导，从供给视角研究了国民经济动员潜力问题，并运用系统动力学对动员潜力释放机理进行了建模和仿真。孔慧珍从流程视角构建了民用工业敏捷动员体系，分析了民用工业敏捷动员体系建设的五类影响因子以及体系的构成与运行机理。

随着国民经济动员工作的不断成熟，经典动员理论不可避免地存在一些时代的局限性：所有的传统动员理论针对的都是单纯的"应战"，已然不能满足现今的国民经济动员工作；而大动员虽然提出了"双重功能"，但是与传统动员理论一样考虑的都是政府作为唯一主体的作用，而忽视了企业、社会团体等其他动员主体作用，只从行政力上和行政手段指导动员工作，弱化了经济利益和经济手段对动员活动的推进作用，等等。敏捷动员理论作为当前国民经济动员的主流理论，其理论研究工作已经具备了一定的深度和广度，这也为将来集成动员的理论研究打下了坚实的基础。集成动员理论则是对其丰富和发展，也是实现敏捷动员理念的途径和方法。

二、国民经济动员的实现方式

为了将国民经济动员理论具体落实到国民经济动员实际工作中，为动员工作提供有力的抓手，众多学者对此进行了探索。目前，已经较为成熟的实现方式主要有以下几种。

（一）国民经济动员中心

张笑深入研究了国民经济动员中心的功能，认为其具有能力储备功能、技术扩散功能、生产示范功能、供需衔接功能等10项功能。赵建明和俞红卫从三个方面提出了推进动员中心建设的途径，包括区别保障任务、深入建设信息网络，以及建立健全储备机制、供货机制和评估机制等。聂彤彤和赵伟则着重分析动员中心建设中存在的问题，认为目前的动员中心存在依托主体分歧、布局不合理、缺乏监督等问题。张森磊则从军事任务的角度出发，认为可以通过军事任务的需求确定建设的重点、把握建设中的重点环节，以及加强能力储备建设、组织机构建设等途径加强动员中心建设。

而唐平舟则运用敏捷动员理论，系统地分析了国民经济动员物流理论体系，并对国民经济动员物流中心的布局问题进行了研究。刘翌琼和曾立对装备经济动员中心建设进行了研究，认为动员中心应优先选择主导产业或优势产业以满足动员需求。张苏阳利用系统动力学建立了国民经济动员中心的潜力测度模型，提出动员潜力弹性与动员潜力测度系数两个指标对其进行仿真分析，以生产性动员中心——河南某国民经济动员中心为研究对象，提出其应尽量采购成品生产所需的最初原材料，降低半成品的采购量等有针对性的政策与建议。

（二）动员联盟

动员联盟是基于动态联盟的敏捷性动员组织，是动态联盟理论在动员领域的拓展应用，是实现敏捷动员的一个有效途径。而上述的国民经济动员中心则可以作为动员联盟中的盟主或盟员，从而将动员中心与动员联盟连接在一起。

张纪海对动员联盟敏捷性指标体系、动员联盟的组织结构进行了研究，提出了动员联盟盟员敏捷性的评价方法。胡敏等根据动员联盟的组织模式与生命周期的各个阶段，提出动员联盟组织模式的选择方法，并使用不确定语言算子、聚类分析、粗糙集、信息熵等方法对动员联盟伙伴选择方法进行了研究。韩秋露以社会救援资源为研究对象，针对不同情景选择动员联盟的伙伴方式，提出了正序选择与逆序选择两种伙伴选择方式。宋佳蔓以政府危机管理中的政治动员机制为切入点，以动员联盟理论为依据，阐述了政治动员机制对政府危机管理的重要性，重点研究了基于多元危机管理视角下的政治动员机制及其构建路径。刘锡伟以动员联盟理论为基础，从国民经济动员理论的持续创新、整合包括国民经济动员系统在内的保障体系、加强动员平台建设三方面讨论了增强国民经济动员系统适应性的途径。张笑从金融动员的角度，结合动员联盟理论，提出搞好金融安全预警工作、健全金融动员预案体系、完善金融动员组织体制和法规制度对建立完善动员联盟的重大意义。

（三）国民经济动员链

国民经济动员链主要由军事供应链和应急供应链演变而来。

1. 军事供应链

20世纪80年代末90年代初出现新军事革命，军事供应链逐渐成为与高技术战争相对应的军事后勤形态，它由军事物流演化而来。经典动员理论主要服务于应战，军事供应链则是国民经济动员保障应战需求的一种具体方式。

军事供应链由美国兴起，主要经历了三个阶段：军事物流管理阶段、静态军事供应链管理阶段和动态军事供应链管理阶段。在美军公布的官方文件《2010联合构想》和《2020联合构想》中均提出：供应链管理是军事物流系统优化的重要思想之一。它们将军事供应链定义为：在整个军事运作范围内，以正确的地点、正确的时间、正确的数量，提供给联合部队正确的人员、装备和补给品。美军的军事供应链包括军事物资的研发、生产、供应商管理，物流等一系列过程，其军事供应链结构分为五部分，由高到低分别为：指挥控制层、国家层、战略层、战区层和战术层。在目标和动机方面，Wilhite A.，Burns L.和 Patnayakuni R.等认为军事供应链的首要目标是获得特别的军事准备，其次才是成本；但同时现在武器系统复杂且昂贵，小型企业无法承担这种业务，故聚焦美国军队的供应链，应用经济模型研究小型企业面对这些问题的反映，以及这些目标对军事供应链设计的影响。Stephen M. Rutner，Maria Aviles 和 Scott Cox 对军事后勤和商业物流进行了深入的比较，利用 TOD（Theory of Organizational Design，组织设计理论）和 TRA（Theory of Reasoned Action，理论行为理论）检查完成后勤任务的管理动机，提供了一个关于军事后勤与商业物流角色改变的检查方式，并阐述了可能会导致这种改变的原因。在柔性研究方面，Abderrahmane Sokri 主要研究了军事供应链的弹性测度，从流量和响应时间两方面来测度军事供应链弹性，并提出了三种矩阵来对其测度进行评估。Fan C. Y.，Fan P. S.和 Chang P. C.应用系统动力学对军事武器供应链的牛鞭效应进行了研究，认为造成牛鞭效应最主要的问题在于人力资源的低效，提出组织结构的优化将有利于降低武器供应链的牛鞭效应，进而提高整个系统的效率。

  我国学者对军事供应链的研究起步较晚。王进发和李励首先提出了军事供应链的概念，认为军事供应链是指军事后勤保障过程中所涉及的军队内部和军队外部的所有实体，以及由实体的活动与相互关系构成的网络系统。在风险和可靠性方面，汪涛、吴琳丽通过引入灰数对经典 GERT 网络模型进行改进，构建了基于 G-GERT 网络的军事物流供应链风险识别模型，即灰时间或灰费用模型、灰概率模型以及二者联合模型，并通过具体实例对模型进行了验证。吴巧云等在分析了海外、边境及内地三种情况后，建立了直线型、树状及网状三种结构军事供应链，并通过 Poisson 方程及冲击理论进行了相应的可靠性分析，其研究成果认为，直线型军事供应链相对脆弱，因此需要采取一定的策略构建相对稳定的各个环节，增强鲁棒性。唐建、严骏在供应链可靠性研究的基础上，结合军事供应链的特点，提出了任务时间及任务流程可靠性的概念，并将流程网络和随机流网络的方法引入了军事供应链可靠性的研究中。在库存、供应管理及绩效评估研究方面，蒋宇、杨西龙、张巍将供应商管理库存引入军事供应链，建立了基于 VMI 和价格补贴机制的供应链协调模型，明确了价格补贴范围和缺货成本对于军事供应链协调的影响。王兆威、阳平华提出军事供应链联合库存管理的一般模式，并运用系统动力学建立了联合库存管理策略的供应链动态仿真模型，并针对牛鞭效应及瓶颈环节两方面对其优化。李海林、姜俊提出，并以产品全寿命周期为策略，运用修正的语意顺序加权建立了供应商整体供应绩效评估算法。

2. 应急供应链

2008 年"5·12"汶川大地震之后，为高效完成应急救援工作，学术界将供应链引入应急管理，以指导实际工作。而应急供应链在国外多对应于人道救济链、人道主义供应链等。"急时应急"是国民经济动员功能的重要拓展，应急供应链亦是实现国民经济动员的具体方式。

白雪岷、赵晗萍提出了应急供应链概念，认为它是为了应对各类突发事件，由政府提供技术和资金支持，从物资的筹集到最后物资发放到灾民手中的一个完整的功能性网链结构。方磊、夏雨、杨月明等针对应对自然灾害提出了救济供应链的概念，认为它属于应急供应链，并从物流系统规划、救济供应链的构建与运作、绩效评价三方面对救济供应链进行了研究。赵昌文等在总结"5·12"汶川大地震四川部分地区抗震救灾应急资源的筹集、分配和监督等工作经验的基础上，提出了救灾物资应急供应链模型。许振宇等以应急供应链可靠性为评价对象，在对其影响因素进行分析的基础上，从保障机制、信息系统、网络结构、运作流程、资金保障五个方面构建了评价指标体系。方磊等在总结面向突发性自然灾害的救济供应链研究现状的基础上，从救济供应链的概念、物流系统规划与优化、救济供应链的构建与运作、绩效评价四个方面，系统地对国内外相关研究进行述评，并对其研究趋势进行展望。Ilhan A. 认为人道主义供应链就是可以通过创造低成本的救灾资源（物资、资金及信息等）流动来实施、协调并控制救灾活动的一种供应链。Day 等则认为在人道主义供应链运行过程中，对供应链成员间的评估、整合及协调是非常重要的。Aslanzadeh 等认为人道主义供应链与一般商业供应链最明显的区别就是目标的不同，人道主义供应链是以实现响应时间最小化、受灾人员满足最大化等为目标。Tatham 等通过分析由多个救援组织组成的复杂的人道救济网络的特征，提出了必须要在人道救济链中建立快速信任，进而提出了影响组织间快速信任的因素，如第三方信息、信息倾向以及角色等。Schulz 和 Blecken 研究了人道救济链中的协同增效，分析了目前存在的问题以及潜在的促进横向协作的措施。

3. 国民经济动员链

目前，学术界对国民经济动员链的研究尚处于起步阶段。孔昭君教授首先聚焦危态下国民经济体系资源产出的流程和规律，结合国民经济动员工作实践经验，在借鉴产业链、供应链和价值链的核心思想基础上，把国民经济动员链定义为完成国民经济动员任务所必需的供应链或产业链整体；详细论证了国民经济动员链的理论意义及实践价值，认为供应链和产业链是从不同维度对国民经济动员链展开分析，供应链聚焦微观层面，强调对完成具体国民经济动员任务的生产经营活动的分析，而产业链则着眼于宏观层面，强调国民经济动员管理部门代表政府对不同产业部门的组织与管理。而后，孔昭君教授在国民经济动员学的研究纲领中论证了集成动员和国民经济动员链的关系。

沿着孔昭君教授研究国民经济动员链的思路，北京理工大学国民经济动员学术团队的研究者从不同角度对国民经济动员链进行了较多研究。王成敏从动员资源的生成与发展机理的角度研究了国民经济动员链的运行规律，认为危态下动员资源超常规供给量取决于其他用途的资源转变为用于应对危机的资源量、超常规的生产能力以及资源存量，并且超常规的生产能力取决于超常规的生产要素的供给能力，而生产要素的超常规供给能力和其他用途转变为用于应对危机的资源量取决于常态下的动员准备和危态下的动员手段。

李紫瑶等从国民经济动员链的内涵入手，将国民经济动员链归纳为具备两类活动、两个阶段和四种分链的混合功能链，并在此基础上，分别从宏观、中观、微观三个层次以及需求维、国民经济动员维、供应维、价值维四个维度构建了国民经济动员链运作中各环节的衔接机制。张纪海等从行业动员角度入手，借鉴国民经济动员链的概念，通过界定石油动员链的概念并分析石油产业链和成品油物流体系，阐述了构建我国石油动员链的基本模式。同时，他们还阐述了在构建石油动员链的过程中危态下企业配合、政府调控、链条动态修复的重要性。刘思佳针对国民经济动员企业，借鉴国民经济动员链的理念，从企业上游的优化以及企业供应商选择两个方面探讨了企业原材料的供给保障，提出了三类国民经济动员企业的上游供应链的实现方式和具体实现手段。李元元借鉴供应链契约模型理论，结合突发事件具有突发性、复杂性、破坏性、持续性和连锁性等特点，运用博弈论和线性规划求解方法，从应急物资需求变化和动员链网络结构变化两个方面对动员链的弹性机制进行研究。陈正杨认为国民经济动员链定义是多个动员主体，以特定的资源保障任务目标作为战略核心，形成的具备经济动员功能的网链结构集合体，通过对它的扩容演化进行分析，探讨动员链在扩容演化过程中出现的可靠性问题。

虽然，关于动员中心、动员联盟等国民经济动员活动的实现形式的研究已有一定的积累，关于动员联盟的内涵、盟员伙伴选择、绩效评价方面，已经取得了较为丰富的科研成果，但是一些细节的研究还需要进一步深化，如组织工作模式设计、动员联盟的利益分配和管理机制等问题的研究，尤其是国民经济动员联盟构建的途径、国民经济动员联盟的业务模式方面，目前还缺乏深入的研究。依据军事供应链、应急供应链的理念，为解决动员联盟构建方式而提出的国民经济动员链的研究已经逐步展开。目前，国民经济动员链的概念已初步明确，相关学者对国民经济动员链的内涵、机理以及运行规律的研究正在逐步深入，还缺乏对构建国民经济动员链的强有力的理论支撑，在国民经济动员链的结构体系、业务模式、能力评估方面尚未形成较为清晰的理论框架，针对国民经济动员链的动员能力评估方面还未找到有效的方法与技术。而这些正是本书所致力深入解决的问题。

第三节　集成动员的主要研究内容

本书首先分析将集成产品开发理论应用到国民经济动员领域的可行性，以便确认其可以移植到国民经济动员理论，并据此提出集成动员理论；在此基础上，探究集成动员的基本理论，包括集成动员的组织体制、矩阵型组织模式以及集成动员的主线等，为后续研究奠定坚实的理论基础；其次，重点研究如何构建集成动员的业务模式和业务流程，提出集成动员的双层柔性连接业务模式以及通用的业务流程模型；最后，分别针对集成动员管理层上的执行主体以及集成动员供应层直接提供应战应急资源保障的供应主体链的动员能力进行数学建模分析，为提高执行主体、供应主体链动员能力提供意见和建议。

1. 集成动员的基础理论研究

从集成产品开发理论的发展历程出发，深入阐述集成产品开发的核心要素及整体框架。以多领域应用集成产品开发理论为切入点，探究集成产品开发理念应用到国民经济动员领域的可行性，明确集成产品开发对国民经济动员的启示。主要运用理论分析及综合归纳等方法，对有关案例进行解析，结合应急管理、供应链管理、集成产品开发等其他领域的相关理论，从动员组合、组织体制、矩阵型组织、集成动员总线，以及相应开展的基础性工作等五个研究方面，提出集成动员的基本理论，并对此进行全面阐述。

2. **集成动员的业务模式研究**

在明确当前国民经济动员任务分解方式为逐级分解的基础上，提出构建集成动员业务模式的思路，借鉴矩阵型组织和跨部门业务团队的思想；运用聚类分析、集成产品开发、项目管理等理论和方法，提出集成动员的双层柔性连接业务模式，包括集成动员管理层、集成动员供应层以及两层之间的指挥关系；并以内蒙古自治区的某次动员活动为案例，示范性构建集成动员的组织体系。

在集成动员管理层中，明确集成动员涉及的各类主体及其职能，以项目管理理论为指导，分析集成动员的组织层次及各类主体间的交互方式，同时，提出集成动员的日常管理工作平台即管理总线，其基本职能是为高效地完成国民经济动员任务提供支撑。进而，在明确基础工作模式的基础上，创建集成动员的应战应急的工作模式，提出多任务管理中心式组织模式。最后，就维护和完善集成动员的这一组织模式，提出相应的建议。

集成动员供应则是一个直接提供应战应急资源保障的动员联盟，目的是实现应战应急资源的超常规供给。本部分着重分析集成动员供应层的功能，为体现集成动员的核心理念，从应战应急资源保障过程中的调控需要出发，进而提出集成动员供应总线的概念，并深入分析其功能，为下文对其动员能力定量评估打下理论基础。

在集成动员指挥关系中，本书需要明确集成动员指挥关系的依据并分析三种基本的指挥手段，即法律手段、经济手段和行政手段。

3. **集成动员的业务流程研究**

当前国民经济动员工作中缺乏客观化、标准化、规范化的业务流程体系，这是国民经济动员学科发展还不太成熟的实际状况。本部分将以任务为导向，对集成动员进行阶段划分，并明确各阶段的主要业务活动；通过引入 ARIS 建模工具，对集成动员的主要业务活动进行形式化描述，构建各类主体的功能树模型；改进和运用 eEPC 方法，构建通用的集成动员业务流程模型；以区域间协同保障为背景案例，运用集成动员业务流程通用模型，系统探讨动员中的主要业务流程。

4. 执行主体动员能力研究

执行主体动员能力表现为通过资源调控手段，促使集成动员供应主体按要求实现应战应急资源供给的可能性，并且，这个大系统会受到来自系统内部和系统外部环境的多种不确定因素的影响，从而影响执行主体的动员能力。基于这种考虑，本部分将探讨执行主体的动员能力评估的方法与技术。从分析执行主体动员能力的概念入手，讨论国民经济动员任务进行中，执行主体动员能力产生多状态的来源，分别讨论系统内部和外部各类不确定性引发的多状态。

运用通用生成函数法，建立无约束条件下的执行主体动员能力定量评估模型，以国民经济动员典型案例为背景，采用算例研究，论证不同供应量、需求量及执行主体自身可动员量的行动方案对执行主体动员能力的影响，根据定量测算结果给出相应的建议。运用通用生成函数法，建立有资金约束下的执行主体动员能力定量评估模型，采用算例研究，利用MATLAB仿真软件求解最优方案，为管理人员提供决策支持。

5. 集成动员供应主体链动员能力研究

集成动员的供应主体具体负责完成国民经济动员的应战应急资源保障任务，它们的动员能力是完成国民经济动员任务的充分保障。因此本部分研究以供应主体链作为研究对象，在明晰供应主体链动员能力概念的基础上，分析供应主体间的连接方式。根据连接方式，探究物资和服务等资源在供应主体之间流转时面临的各种不确定因素，分析其对供应主体链的动员能力的影响。

运用通用生成函数法，建立供应主体链的动员能力定量评估模型，继续以典型的应急资源保障活动为背景，设计案例验证供应主体链不同链条的动员能力的影响，利用MATLAB仿真软件求解相应结果，根据定量测算结果为供应主体链的动员能力提出优化建议。

第二章
集成动员基础理论研究

国民经济动员学服务于新时期的国民经济动员建设。在秉持管理学导向型的国民经济动员学研究纲领，深入分析国民经济动员学的核心问题后，本书认为可以将集成产品开发的理念适度移植于国民经济动员学科，从而产生构建集成动员体系的想法。

本章将具体阐述集成动员的基本理论。从集成动员的理论渊源，即集成产品开发着手，阐述集成产品开发的核心要素、整体框架以及具体实施，为集成动员理论奠定基础。在此基础上，分析集成动员的可行性、必要性以及与敏捷动员的关系。进而，详细分析集成动员的五方面研究内容，包括动员组合、组织体制、矩阵型组织、主线以及基础性工作，为解决目前国民经济动员实际工作中存在的划界难度大、基础工作不扎实、常态机制未形成等问题提供一定的思路，提高国民经济动员工作的效率。

第一节 集成动员的理论渊源

为完全、准确、完整地阐述集成动员的概念，本节首先对集成产品开发的发展历程、理念及具体实施手段等进行理论综述，然后，再阐述移植集成产品开发理念，建立集成动员理论体系的具体问题，从而为后面的分析奠定理论基础。

一、集成产品开发理论的形成

集成产品开发（Integrated Product Development，IPD）是一套产品开发的模式、理念与方法。这里所称"开发"是英文"Development"的直接翻译，与国内通称的"研发"意义不同，它实际是涵盖特定产品或者产品群的整个寿命周期的，并非仅仅指产品的"研发"阶段，实际上，它是企业整体经营模式的深刻变革。

集成产品开发的思想来源于美国管理咨询公司 PRTM 公司出版的《产品及生命周期优化法》（Product And Cycle–time Excellence，PACE）一书，1996 年，该公司的研发管理咨询专家 Michael E. McGrath 在 Setting the PACE in Product Development 一书中，强调了整合的、一体化的产品开发过程，为优化产品生命周期提出产品战略、技术管理和跨项目管理三种方式。

有资料提到，美国国防部也曾在其内部推行过 IPD 的理念，但目前比较容易调研的主要是 IBM 率先在其公司推行的集成产品开发活动。

从目前收集的资料可以看出，集成产品开发的理念得到了广泛的重视，最直接的就是时任 IBM 公司董事长的路易·郭士纳对其的重视。据深圳市汉捷研究管理咨询有限公司的培训资料介绍，郭士纳在公司一次重要会议上的发言指出："IPD 是关键！我们必须更加规范地开发产品；在开始便考虑市场情报和客户需求；在开始阶段就确定所需资源；根据里程碑管理；只在里程碑变更需求和项目方向，因此我们不会不断地修补项目。"同一份资料还提到卡耐基梅隆大学的软件工程协会也强调认为："对于产品开发而言，IPD 是一个系统的方法，在整个产品生命周期内，通过必要的规则，形成及时合作的模式以更好地满足客户需求。"IBM 根据经营的需要，应用 PACE 的管理思想，创造了 IPD 的管理模式，从流程重组和产品重组两个方面对其产品开发模式进行了变革，并重新获得了市场竞争优势。

日本 IBM 公司董事广濑贞夫则强调，IPD 是从企业的事业出发，为了最迅速且高效地开发市场最需要的商品，针对从产品构想到最终的整个寿命周期，统辖开发过程、开发体制、IT 的一种整合机制，是企业或者事业部的商务战略之一。他还强调，集成产品开发是决定开拓市场最需要的商品领域、为了从企业的事业出发，最迅速且高效地完成产品开发，而在从产品构想直到最后的整个寿命周期统辖开发投资、开发过程、开发体制、IT 的整合管理系统。

从以上权威人士的论述，不难看出，集成产品开发定位很高，他们使用了诸如"关键""系统性追求""商务战略""整合管理系统"等描述，这足以表明集成产品开发本身的重要性，也部分地揭示了集成产品开发的关键内涵。

IPD 以现代信息技术为工具，采用系统化的研究方法，把传统的产品开发过程中相对独立的阶段、活动及信息进行了有效改造和结合。

二、IPD 的核心要素和整体框架

流程再造和产品重整两方面是 IPD 关注的核心。流程再造关注重整产品开发流程，而产品重整则聚焦异步开发和共用基础模块的重用。其核心要素阐述如下。

（1）协调高效的跨部门研发团队。IPD 模式强调成立跨部门的产品研发团队，通过协同的方式开展工作，实现有效的沟通、协调以及决策。

（2）基于市场的创新。IPD 模式强调产品创新一定是基于市场需求和竞争态势的创新。产品开发应以市场为导向，而不是以技术等为导向，侧重市场牵引，而不是技术推压。

（3）结构化的流程。IPD 模式明确地将产品开发流程划分为概念、计划、开发、验证、发布、生命周期 6 个阶段，并且在流程中有定义清晰的决策评审点。决策评审点有一致的衡量标准，只有完成了规定的工作，在指定的决策评审点通过评审，才能进入下一个阶段。

（4）将新产品开发看作一项投资行为。IPD 模式强调要对产品开发进行有效的投资组合分析，将资金分散投资到不同的投资项目上，即使在具体的投资项目上也常常采用投资组合，将项目资产做多样化的分配，严格控制投资比重，并在开发过程设置检查点，通过阶段性评审来决定项目是继续、暂停、终止还是改变方向。

（5）异步开发模式。IPD 模式通过严密的计划，把原来的许多后续活动提前进行，缩短产品上市时间；技术研发与产品研发相分离。关键技术和基础性的技术平台研发领先于产品型号设计，从而形成平台产品，供产品开发时共享；并在共享的基础上，分成多个细分的子产品，满足产品多样化需求。

（6）共用基础模块（CBB）。IPD 强调模块化设计，基础模块可以被不同的产品或者针对不同用户的同一款产品所使用。对新产品开发而言，利用 CBB，可以降低设计难度，缩短设计周期，减少设计工作量。此外，利用 CBB，可为异步开发模式提供共享的信息与资源，将各个异步开发团队联系起来。

（7）项目管理与管道管理。IPD 的项目管理即对具体产品开发过程的管理，而管道管理则是指在同时展开的多个项目之间把握资源的有效分配。通过评定项目的优先级，对于重要的项目，将在资源上给予保证，在政策上有所倾斜，保证 20% 的项目能带来 80% 的盈利能力。

IPD 整体框架如图 2.1 所示。

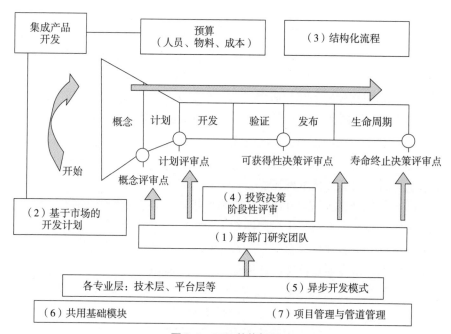

图 2.1　IPD 整体框架

三、IPD 在 IBM 公司的具体实施

IBM 公司为了推进 IPD，组建了很多专门的团队，这些专门团队包括：
（1）投资审查委员会（Investment Review Board，IRB）。该团队由企业

的高级主管、经营计划负责人、财务负责人组成，负责审批企业整体业务计划，并决定预算额度。即按照公司的经营战略明确企业的愿景、任务，选择细分市场，明确目标，调配投资与人员。并且，还负责按照企业的中长期业务计划确定年度计划（方针、目标、重要措施），分别任命各产品群的集成组合管理团队。在项目开始实施以后，它定期审查集成组合管理团队的进展报告，适时解决重要问题，即适时解决各个集成组合管理团队无法自行解决的问题，或者跨集成组合管理团队的问题。

（2）集成组合管理团队（Intergrated Portfolio Management Team，IPMT）。为执行企业的业务计划，按照事业领域或者产品群组建集成组合管理团队，因此，有些企业可能存在多个集成组合管理团队。它是从市场的角度可以明确区分，并且可以准确测定其商务业绩的业务单元。集成组合管理团队接受由战略计划团队提出的业务计划和商品战略，决定开发投资计划和优先次序。也就是说，为了最佳投放和配置企业的有限人员，必须按照某种偏好（如扩大市场占有率、提高利润率，或者是开拓新市场的战略商品等）确定投资计划的优先度。当集成组合管理团队决定启动项目以后，就按项目分别任命产品开发团队负责人，并认可产品开发预算。集成组合管理团队按照预先设计的决策评审点，或者定期地接受产品开发团队的报告，实施对项目的进度管理，并就重大事项做出决策。

（3）战略计划团队（Strategy and Plan Team，SPT）。战略计划团队由集成组合管理团队任命，制订中长期战略及短期事业计划，并向集成组合管理团队提出报告。然后，再基于短期业务计划编制商品策划文件，报请集成管理团队审批。战略计划团队的成员主要包括经营策划（营销、计划）、市场调查、商品策划、产品开发（硬件、软件）、财务、服务（必要时）、流通、采购、销售等部门的人员。必要时也会吸收要素技术的专家参加，由其提出具有竞争力的最新要素技术方面的提案。

（4）产品开发团队（Product Development Team，PDT）。产品开发团队是一个跨组织的团队，负责实际执行产品开发任务。其成员来自各个纵向职能组织，包括商品策划、产品开发（硬件、软件）、要素技术开发（硬件、软件）、财务、制造、质量管理、服务技术、采购、经营等职能部门。产品开发团队的目标具有最高优先级，各成员代表各个职能组织，但不能追求其所在职能组织的利益。产品开发团队负责人为成功完成项目，需要编制产品商业计划及产品开发计划、预算方案，并向集成组合管理团队报告。并且，在产品开发启动以后，有义务向集成组合管理团队报告项目进展、预算执行情况、重要的问题等。并且，产品开发团队负责人要判断项目的收益性和盈利能力，及时解决问题和难题，尤其是跨职能组织的问题、团队成员与职能组织负责人间的问题，指挥项目团队并保障团队作业。

（5）按功能划分的各职能团队（Functional Management Team，FMT）。由企业的各职能组织组建，包括商品策划、产品开发（硬件、软件）、要素技术开发（硬件、软件）、财务、质量管理、服务技术、采购、经营等各部门。各职能团队以前对人、财、物等资源投入及商业结果负责；而在IPD中其商业责任已经移交集成组合管理团队和产品开发团队，其职责变为将本组织的业务流程提高到业界最高水平、充实IT工具、响应产品开发团队委托的项目业务要求，确保人力资源并提高其技能水平。职能组织负责人要配合产品开发团队成员解决重大问题，共同对产品开发团队成员的业绩做出评价。

需要特别指出的是，以上团队的成员，并非仅仅来自开发部门，而是由代表营业、制造、质量、采购、服务、财务等部门的成员构成。实际执行过程中，由IPMT任命PDT，通过合同委托其进行产品开发。PDT在开发过程中按预设的若干决定评审点接受对项目的评审，经过评审往往要修正开发成员、投资额等，并且要决定是否进入下个阶段。

四、IPD 的广泛影响

IBM 实施 IPD 的成功实践，也引起了国内企业的关注，华为在其产品开发中也引入了 IPD 的理念，并且取得了良好的效果。与此同时，IPD 模式也激发了国内外一些学者的研究兴趣，形成了一些有价值的研究成果。

Rupak Rauniar 和 Greg Rawski 在假设所有产品开发项目的前期使用 IPD 以及项目执行阶段采用项目团队，能够减少产品小毛病从而提高整个项目的表现的基础上，通过收集美国汽车行业的数据验证了他们提出的假设并最终证明 IPD 的优势。

他们基于 SMEs 的一个群组，探讨了供应者参与 IPD 的理论，提出一个架构，认为组织使能者、技术使能者以及方法三个要素能够获得更好的内部和外部集成度。

Rauniar R.，Rawski G. 假设在开发和项目实施阶段，通过前期阶段的综合组织结构管理和项目团队结构管理，可以减少产品故障，提高整个

IPD 项目的绩效，并使用从美国汽车行业收集的数据验证其假设的正确性，通过实证研究，证明了其假设的正确性。

Fernandes P. T. 等提出了一种面向可持续发展的集成产品开发的方法，并利用四个案例，对该方法进行评估研究。案例研究表明，该种方法可行易用，且可以显著降低产品制造过程中的资源和能源消耗，在支持可持续的产品设计过程中具有巨大的应用潜力。

Ali Yassine、BacelMaddah 和 Nabil Nehme 则主要探讨了 IPD 环境下的信息交换模式。Regina C. McNally，M. BillurAkdeniz，Roger J. Calantone 主要探讨了在新产品开发和新产品效益中，如何追求市场和质量的一种居中策略。宗伟在分析电子信息行业具有的不连续创新的特点的基础上，探究了一套新的面向不连续创新的 IPD 模式，提出了强化外部搜索的信息支撑体系。Olaf Gaus、Bernd Neutschel、Matthias G. Raith 针对新产品和服务开发过程中的沟通支持进行研究，认为设计就是一种沟通，需要根据产品进行相适应的变化，会直接影响产品开发过程。

在学术研究的同时，很多专家和学者也在积极地推广和应用 IPD 模式。

刘威结合桑菲公司的内外部现实状况，探讨了桑菲公司实施 IPD 方案的几个具体方面，包括产品线和产品平台的规划、公司的管理体系、人力资源设计以及公司的 IPD 流程。史永亮以长虹公司的产品开发项目管理作为研究对象，总结了不同类型新产品开发项目的特点，并强化了项目结构的矩阵式管理模式。李念军以 F 公司为研究对象，构建了 IPD 与项目管理理论融合的项目管理体系，并重点研究了项目风险管理体系和项目质量管理体系。通过对比分析，他认为将 IPD 与项目管理方法有机结合更能保证 IPD 流程的高效运转。马飞、刘德智、李毅斌等将 IPD 研发管理体系引入了西门子公司的 Teamcenter PLM 平台，对公司的研发流程进行了梳理和改进，并提出了相应的改进方案。于丽萍则把 IPD 的思想与技术引入北京北重汽轮电机有限责任公司的产品研发管理中，将传统串行的管理模式转变为以市场需求为导向、科学决策高效的 IPD 模式。

综上所述，一方面，IPD 不仅在 IBM 公司的实践中取得了良好的收效，在其他公司的实践中也有相当成功的案例，它已成为一种成熟的产品开发模式。另一方面，学术界的广泛关注及其研究成果表明，IPD 已经超越了产品开发的具体的工程操作领域，走入了工业工程和管理学的广阔领域，具有了方法论意义的品格。

IPD 理念可完全涵盖与当今快速变化的竞争环境密切相关的一系列新发展。它与生产周期联系在一起，表征大幅缩短；它与规模定制联系在一起，表征规模化与特殊化；它与企业重组联系在一起，表征企业流程的不断改进；它与跨域合作联系在一起，表征跨域协同；等等。

正是基于这种普遍性的方法意义，本书考虑借鉴其核心观念，移植到国民经济动员领域，尤其是在资料搜集过程中，发现美国国防部也对其进行过探索。毕竟，美国国防部历来重视尖端技术与先进理念的应用，如 HLA 仿真架构等。但是由于涉密的原因，并没有找到美国国防部关于 IPD 研究的更多信息。

第二节 从集成产品开发到集成动员

从集成产品开发到集成动员，不是业务模式的一次简单照搬，而是在深刻分析其理念基础上的一种移植应用。这实际是现代管理学发展的一种重要途径。事实上，现代管理学的很多理论都移植自相关的学科。

一、移植集成产品开发理念的可行性

移植集成产品开发的理念，建立集成动员理论，首先必须回答一个理论问题：最先在企业层面形成的集成产品开发模式是否能够移植运用于国民经济动员活动？因为，人们通常认为国民经济动员是政府行为，表现为政府对社会资源的调控，以实现应战应急资源保障的目的。一些学者，尤其是对美国战争动员或者美军后勤有所了解的学者甚至认为国民经济动员是军事行为。通常人们概括美军的动员行动都说：短期战争打储备，长期战争打动员。

虽然，国民经济动员的主体是国家，这在我国的法律体系和国民经济动员学的学术著作中都有明确的规定和详细的阐述。但是，把集成产品开发模式局限于企业层面是有失偏颇的，也是在理论上画地为牢，自缚手脚。移植集成产品开发理念建立集成动员理论是完全可行的，下面简要地阐述其理由。

首先，集成产品开发与国民经济动员在主体方面不存在不可跨越的障碍。集成产品开发的主体是企业，国民经济动员的主体是国家，看似其间

有不可逾越的鸿沟，但是，这种鸿沟实际是不存在的。固然，在法律规定和学术意义上，国民经济动员的主体都是国家，但最终提供应战应急资源的依然是各种资源供应者，主要是企业。当然，这里说主要是企业，只是为了简化行文，并非有意在逻辑完整性上排除公民和其他社会组织。

其次，集成产品开发与国民经济动员在目标上具有较强的相似性。集成产品开发的目标是向市场提供满足市场需求的产品或者服务，而国民经济动员的目标是为应战应急提供资源保障，包括物资（这本身就是产品）保障和服务保障。二者的差别仅仅在于：企业主导的集成产品开发要满足市场需要，国家主导的国民经济动员要满足保障国家安全的需要。其实，这两种需要都统一于社会需要，国家的目的就是不断满足人民日益增长的物质文化需要，并且，人们通常所谈的市场需要也是以国家安全有保障为前提的。

再次，集成产品开发与国民经济动员在效益追求方面具有相似性。作为企业行为的集成产品开发追求的是经济效益，而国民经济动员追求的是国家安全效益，似乎这又是一个理论障碍。确实，很多人注意到了国家安全效益的弱经济性，但弱经济性不等于不讲求经济性，不等于不讲求经济效益。国民经济动员的目的是在保障国家安全需要的情况下，尽量减少常备资源，也就是减少对资源的占用。国民经济动员专家学者都知道"小常备、大动员""小核心、大协作"的理念。这恰恰是国防建设追求经济效益的一种具体表现，也符合集成产品开发的理念。

最后，国民经济动员可以借鉴集成产品开发的组织方式。有的学者认为当前的集成产品开发仅局限于企业内部，而国民经济动员可能是跨部门、跨行业、跨企业的，所以，二者的规律并不相同。国民经济动员行为固然不是在一个封闭的企业内部完成的，但现代企业的产品开发、生产同样不是在一个封闭的实体内完成的，甚至，目前已经进行过的动员活动在规模、复杂程度上还无法与一个现代企业相比。因此，集成产品开发理念中的跨部门、跨组织的理念是适用于广义上的部门和组织的。

鉴于此，本书认为以集成产品开发的核心理念来建立集成动员理论是具有可行性的。

二、集成产品开发理念的借鉴

前节已经论证，移植集成产品开发理念，建立国民经济动员的集成理论是可行的。但是，仅仅有可行性还是不充分的，本节继续探讨集成产品开发理念对国民经济动员的启示，也就是移植集成产品开发理论的必要性。

本书认为国民经济动员最应该借鉴的集成产品开发理念，主要包括以下几个方面。

第一，国民经济动员就是一种投资行为。国民经济动员的投入固然不同于以盈利为目的的企业投资行为，国民经济动员的主体是国家，是国家为保障国家安全所采取的行动。如果说企业投资行为更关心经济回报，甚至可以允许失败的话，那么，保障国家安全的行动更关心其投入的回报，且不允许失败，否则后果不堪设想。从这个意义上来讲，国民经济动员的投资条件更为苛刻。将国民经济动员看成投资行为，还提出了另一个长期被忽视的问题，即国民经济动员绝不能不计成本。以前研究工作尚不完善，对此问题研究也有待深入。而关于设置检查点的思想，2013年国防经济年会上恰好就有学者提出了类似的观点，这可以作为一个旁证，证明这是个值得深入研究的问题。

第二，国民经济动员必须面向保障国家安全的需求。企业层面的产品开发强调立足于市场需求和竞争态势，而以保障国家安全为己任的国民经济动员必须面向应战应急需求和国际竞争格局，并且，涉及国家安全的竞争，实际就是保障安全的力量与破坏安全的力量间你死我活的竞争，这种竞争的结果不是盈与亏的问题，而是更严酷的生死存亡的问题。

第三，国民经济动员需要高度协同。集成产品开发强调跨部门、跨系统的高效协同。国民经济动员则需要更高协同，即难度更大、要求更严格的协同。国民经济动员协同的难度来自两个方面：其一，协同的跨度大，国民经济动员活动不仅业务范围跨部门、跨领域，甚至在国家体制上横跨军地双方；其二，我国的国民经济动员理念是长期准备的思想，但是，国民经济动员实施则不常见。可以说，每次实施国民经济动员，或者启动国民经济动员机制都要面对不同的现实状况，几乎都没有先例可循，按照管理学的通常表述，国民经济动员的决策都是非结构化决策。国民经济动员协同的严格要求也同样体现在两个方面：一方面，时限要求非常紧迫，现代企业产品开发同样要讲求时机，甚至市场档期，但是，无论是应战的国民经济动员，还是应急的国民经济动员在时限方面的要求都更为严格，应战动员可以说是刻不容缓，应急救援则必须面对"黄金72小时"的爆发性的需求。另一方面，国民经济动员只能成功，不能失败。在企业经营层面上，产品开发拖期、甚至失败的案例并不少见，但是，应战应急只能成功不允许失败，所以，其要求也更为严格。

第四，国民经济动员同样需要并行模式。国民经济动员面向的是保障国家安全的应战应急活动，许多工作都需要"争分夺秒"，并行模式是必然要求。目前，限于各种体制、机制和技术手段，还没有找到更有效地并行开展工作的手段。唯其如此，才更加强调对并行模式的追求，以期尽快找到实现途径。

第五，国民经济动员需要关注基础建设和针对性服务。集成产品开发强调共用基础模块。国民经济动员要面向不可预测的需求，更需要建立强大而灵活的工作基础，包括国民经济动员工作队伍、国民经济动员工作机制、国民经济动员技术平台等，并且，国民经济动员还要特别强调针对非常规需要提供有针对性的服务。如2003年应对"非典"和2008年汶川地震救援，任务内容显然不同，但相应的国民经济动员工作所依据的都是多年建立起来的同一套工作基础，使用的也都是多年国民经济动员准备工作中建立的潜力数据库、国民经济动员预案、国民经济动员方面的工作制度等工作文件。其实，在国民经济动员工作中，这些内容就相当于在企业生产中的共用基础模块。

第六，国民经济动员业务流程需要结构化。国民经济动员业务流程是完成国民经济动员任务的程序，它的科学化与合理化方向必然是结构化。高度结构化的业务流程是国民经济动员信息化建设和国民经济动员仿真演练的前提。孔昭君教授曾专门论述过这个问题，而华中科技大学国家国民经济动员仿真演练研究中心等则依据信息系统平台进行了关于结构化的有益尝试。

三、集成理念对国民经济动员的重要性

集成产品开发也好，集成动员也罢，其关键就在于"集成"这个术语。集成是一个概念，也是一种理念，更是一种业务模式和一种工作方式。

1. 集成理念在管理学中得到了广泛应用

"集成"从字面上可直接理解为聚集、集合和综合。李宝山等认为，集成是将两个或两个以上的集成单元集合成一个有机整体的过程或行为结果，具有主体行为性、整体优化性、功效非线性、内部相容性及功能互补

性等特征。集成具备功能倍增性和自适应性,并可提高集成体整体功能。李必强分析了集成的基本范畴,认为其应包括集成单元、集成模式、集成度、集成条件及集成环境。同时,从系统的观点,描述了集成的内涵,他认为集成就是将一些孤立的事物或元素通过某种方式集中在一起,产生联系,从而构成一个有机整体的过程。

集成的有机整体不是集成要素之间的简单叠加,而是按一定的集成方法和模式进行的构造和组合,其目的就是更大程度地提高整体功能。而吴秋明、李必强则从辩证的角度阐述了集成与管理的关系,认为集成是一种要素的整合活动,基本思想是整合增效,而管理是一种促使要素集成,并形成有机系统的活动。

事实上,集成已经成为当代管理实践中的普遍趋势。管理学中多个常见概念涉及集成,如一体化和供应链等。一体化是指多个原来相互独立的主权实体通过某种方式逐步在同一体系下彼此包容,相互合作。一体化过程既涉及经济活动,也涉及政治、法律和文化,或整个社会的融合,是政治、经济、法律、社会、文化的一种全面互动过程。而供应链的整个链条代表的就是对供应链活动各个环节的集成。

体系工程(System of Systems Engineering,SoSE)是系统科学、管理科学与复杂性科学在研究特定体系问题时产生的新领域,它是为完成特定目标,而由多个系统或复杂系统组成的大系统。而系统,本身就具有集成的属性,体系则是系统的系统,这不仅仅是集成,甚至可以说是"集成+"。

国防建设与经济建设融合发展的实质是什么?究其根本就是集成,其本质就是从源头上优化资源配置,把国防建设与经济建设集成起来。而2016年中共中央、国务院、中央军委印发的《关于经济建设和国防建设融合发展的意见》强调的指导思想就是:坚持发展和安全兼顾、富国和强军统一。

2. 国民经济动员业务完全可以集成化

通过深入分析集成产品开发理论和国民经济动员的工作特点,本书认为国民经济动员业务不仅应该,而且必须借鉴和移植集成产品开发的理论,推进国民经济动员活动的集成化。

国民经济动员是国防动员的重要组成部分。《中华人民共和国国防动员法》第十二条规定:国家国防动员委员会在国务院、中央军事委员会的领导下负责组织、指导、协调全国的国防动员工作。而国家国防动员委员会是在国务院、中央军委领导下,主管全国国防动员工作的议事协调机构。其成员单位有：中央军委机关有关部门、中央组织部、中央宣传部、发展改革委、工业和信息化部、公安部、民政部、司法部、财政部、人力资源和社会保障部等。而这种跨部门、跨组织的机构的建立，本身就说明国防动员，包括国民经济动员就是典型的跨部门、跨行业的业务。

具体到本书所借鉴和移植的集成产品开发理念，其核心就是在现代化大型企业组织的背景下，融合各个职能部门的力量，组建跨部门的业务团队来完成产品开发，从而提高企业产品开发的效率。这种理念恰恰与建立国家国防动员委员会的出发点高度契合。因此，移植"集成产品开发"中的"集成"理念，从一个新的角度来探讨提高国民经济动员业务能力的方法和途径，是可行的也是必要的。

3. 移植集成产品开发的理念是升级国民经济动员工作的需要

一种理念变成一种工作模式并不容易，如果没有一定的实现手段、方式方法，理念只能停留在观念层面上，而不会变成一种具有实际可操作性的工作模式。

一方面，其实，在政府层面为了某项重要工作专门抽调相关部门的人员组成临时工作组织这种方式也经常使用，在日常工作中称之为"抽组"。然而，尽管"抽组"这种体现集成理念的工作模式已经被广泛应用，但是，每次"抽组"可能都是各不相同的，没有固定的"抽组"模式，自然也就没有客观化的准则。如此一来，"抽组"的科学性、合理性、可靠性就会受到质疑。另一方面，移植集成产品开发理念，就是集成产品开发本身已经形成了一套行之有效的工作模式，国民经济动员不仅想移植其理念，也想借鉴其实现模式，以便提高国民经济动员的工作效率，增强集成动员理论对国民经济动员实践的指导性。

通过以上分析，本书认为完全可以提出一种集成动员的工作模式，实现国民经济动员业务模式的升级。它不仅可以丰富国民经济动员学的基本理念，更可以为国民经济动员实践提供高水平的理论指导，提高国民经济动员的工作效率，提升平时的国民经济动员准备水平，也提升启动国民经济动员机制应对突发事件或者实施国民经济动员活动应对战争的工作效率和水平。

四、集成动员与敏捷动员的关系

集成动员理论不是对敏捷动员理论的否定，而是对敏捷动员理论的深化和发展。敏捷动员理论所体现的动员理念，必须找到实现的途径和手段才能不断深化，不断提高敏捷动员的可操作性。

敏捷动员理论的核心概念是动员联盟。动员联盟有不同模式，典型的有星型动员联盟和联邦型动员联盟。专家学者也曾探讨了联盟伙伴选择等问题，进一步丰富了关于动员联盟的研究，但是，这只是冰山一角，依然没有阐明动员联盟内部是如何相互沟通、相互联系与相互协作的问题。

本书认为 IPD 中的产品开发团队实际是其工作团队或者执行团队，这种团队组成方式与相互协作的方式，能够给研究很大的启迪。凡事皆有不同的观察角度，如果在 IPD 整个理论体系中来看，产品开发团队是其所有团队中的一个团队。但如果从跨部门协作的角度来观察，其实它就是一个联盟，这种联盟是按照其必须完成的具体任务组织起来的。同样，国民经济动员活动也是把不同部门，以及在不同部门管理下的各种生产与服务单位组织起来，共同完成一项动员任务，如提供某种资源，或者某种服务保障。所以，本书认为国民经济动员的工作团队与 IPD 中的产品开发团队有极大的相似性。这样，起源于 IPD 的集成动员理论便可以为动员提供一些思路，使关于动员联盟的研究更加深化。

第三节　集成动员的基本理论

简而言之，集成所体现的无非是系统化的思想。系统科学在思维方式上的变革，带来了今日管理学领域的重要思路，好像打开了一扇窗户。提出集成动员的概念，某种程度上也是系统地思考国民经济动员问题的必由之路。

本书把集成产品开发所揭示的关键理念引入国民经济动员领域，提出"集成动员"的概念，认为集成动员是涵盖国民经济动员全过程的整合式工作模式，它是敏捷动员的具体实现形式，也是对敏捷动员理论的深化和发展。

具体而言，集成动员以国家总体安全观为指导，以动员需求为导向，以充分保障应战应急资源需求为宗旨，以敏捷性为灵魂，以效率和效益为目标，以国民经济动员链为依托，以信息技术为支撑，以业务组合为切入点，以业务总线为基础，以建立健全跨组织的工作模式为手段，在推进国防建设与经济建设融合发展的过程中，努力建立与国家安全需要相适应、与经济社会发展相协调、与突发事件应急机制相衔接的国民经济动员工作模式。

一、集成动员的动员组合

集成组合是集成产品开发的重要概念，也就是说集成产品谋求的并非单一产品的研发、生产、销售等分立式经营活动，而是对企业生产经营活动进行整合，从而为市场提供配套的生产与服务活动。所以，集成产品开发才会定位于"系统性追求""整合管理系统"。关于这一点在前文中已经引述了很多权威的观点。本部分将这种思想引入国民经济动员领域，阐述集成动员的动员组合。

国民经济动员就是动员国民经济，动员国民经济体系。但是，在现代社会化大分工和产业关联度急剧提高的情况下，任何一次动员活动都会涉及不同的产业部门、国民经济的不同行业，相应地，也会涉及不同的管理部门。比如，煤炭动员，涉及煤炭的采掘、运输、配送，以及保障煤炭动员顺利进行的一些保障措施，如交通秩序、供电保障、安全保障等。

任何一项动员活动几乎都是牵一发而动全身。其实，按照集成产品开发的理论，这就是一种集成组合，称为动员组合。任何一项动员活动都是多个领域和多个部门动员的组合，只不过不同的动员活动可能构成集成组合的核心内容不同而已。由此，也可以从另一个方面说明，国民经济动员必须由政府负责，调动政府有关职能部门和相关社会力量才能完成动员活动。国民经济动员机构作为政府中负责国民经济动员的具体业务部门只是负责编制计划、设计方案，国民经济动员的责任主体只能是政府。

在集成产品开发中，所有的集成组合都是面向特定的市场需求的，并且是根据市场需求的变化而动态变化的。国民经济动员亦如此，所有的动员组合都面向特定的应战或者应急需求，并且，随着应战应急需求的变化而动态变化。

在近年的国民经济动员理论与实践中，业界曾经努力对各个领域和各个行业的国民经济动员进行划界，尤其是在推进国民经济动员立法研究的过程中，国家经济动员办公室和部分省市国民经济动员办公室曾经开展了11项国民经济动员行业试点，但每个领域或者行业的国民经济动员与其他领域的国民经济动员在理论和概念上都很难切割。基于理论和实践上的困境，本书考虑重新思考国民经济动员的范围。提出动员组合的概念，在理论上可以回避国民经济动员划界的难题，更重要的是，在动员实践中也有助于打破画地为牢的模式，系统地考虑和部署相关的国民经济动员工作。

二、集成动员的组织结构

集成产品开发在组织机构方面强调建立各种高效率的专门团队。集成动员也应借鉴集成产品开发的这种思路，按照专门团队的架构来理顺集成动员体制。

本部分将集成产品开发的团队架构与我国国防动员管理体制进行对照，以明确集成产品开发团队架构对理顺国防动员体制的借鉴意义。

1. 战略投资委员会——国防动员委员会

在集成产品开发中最高决策和裁决机构是战略投资委员会。其实，凡是了解我国国防动员体制者都会马上想到一个非常重要的机构——国防动员委员会。《中华人民共和国国防动员法》第十二条规定："国家国防动员委员会在国务院、中央军事委员会的领导下负责组织、指导、协调全国的国防动员工作；按照规定的权限和程序议定的事项，由国务院和中央军事委员会的有关部门按照各自职责分工组织实施。军区国防动员委员会、县级以上地方各级国防动员委员会负责组织、指导、协调本区域的国防动员工作。"

在体制上，政府与公司有很多不同，公司的层次往往比较简单，也比较灵活，而政府架构的层次划分是固定的，并且相当稳定。从国家整体来讲，在国务院和中央军事委员会之下，国家国防动员委员会是国防动员的最高组织机构，但按照政府的管理跨度和层次划分，在国家国防动员委员会下面还有县级以上地方各级国防动员委员会，按照《中华人民共和国国防动员法》的规定，任何一级国防动员委员会都是同级国防动员事业的最高组织机构，不同级国防动员委员会则是授权下的分治关系。

2. 集成组合管理团队——国防动员委员会办事机构

战略投资委员会直接领导下的是按照业务领域或者产品群组建的集成组合管理团队，负责管理响应特定市场要求的集成组合。这个团队其实相当于国防动员委员会各个办事机构。当前，国家国防动员委员会下设6个办事机构，即国家国防动员委员会综合办公室、国家人民武装动员办公室、国家经济动员办公室、国家人民防空办公室、国家交通战备办公室、国家国防教育办公室。

在国民经济动员领域，国家经济动员办公室的职责由国家发展和改革委员会承担。1956年，国家计委曾设立经济动员局。1994年11月，国家国防动员委员会成立时建立了国家国防动员委员会经济动员办公室。国家经济动员办公室的主要职责包括：研究国民经济动员理论与战略，国民经济动员与国民经济建设、国防建设的关系；提出有关国民经济动员工作方针、政策的建议；组织有关部门编制国民经济动员预案、总体规划和年度国民经济战备动员计划；对预案、规划、计划的执行情况进行监督、检查；组织起草国民经济动员的法律、法规；组织两用技术的研究、推广和应用；组织提出经济建设项目平战结合的建议，配合有关部门做好项目建设与国民经济动员的结合与衔接等。

在1998年的政府改革中，由于国家计划委员会国防司撤销，国家经济动员办公室成为国家计划委员会，为国家国防动员委员会保留的机构；在2008年的政府改革过程中，国家经济动员办公室转变为国家发展和改革委员会（即原来的国家计划委员会）内设机构，即国家发展和改革委员会国民经济动员办公室；在2014年的政府改革过程中，国家经济动员办公室升级为国家发展和改革委员会经济与国防协调发展司。在这一系列改革过程中，国家经济动员办公室作为国家国防动员委员会办事机构的职能一直没有变化。

3. 战略计划团队——各种国民经济动员指挥部

在集成产品开发活动中，战略计划团队在集成组合管理团队的领导下，负责制订中长期战略及短期事业计划，并基于短期业务计划编制商品策划文件，以推动集成产品开发活动的展开。

尽管我国已经有30多年没有实施过国民经济动员，但是，近年来举行了多次国民经济动员演练。从国民经济动员演练来看，完成任何一项国民经济动员活动，都需要一个专门的指挥部，即演练领导小组。通常演练领导小组由各参演单位的领导组成，由国民经济动员机构领导或者国家发展改革委领导任组长，演练领导小组负责编制演练大纲，设计演练的脚本，保障演练的正常进行。

因为演练都是在有限时间和有限范围内进行的短期、小规模动员活动，所以，演练领导小组通常不编制中长期规划，但要编制演练的计划安排和演练脚本，这正相当于集成产品开发中的短期事业计划和商品策划文件。如果是为了应战和应急的资源保障而实施国民经济动员，则各种国民经济动员指挥部必须编制中长期计划或者短期事业计划，并安排动员的程序与日程。

4. 产品开发团队——国民经济动员联盟

集成产品开发中的产品开发团队是实际完成特定产品开发任务的团队，它是从各职能团队抽组的跨职能团队的一个团队。产品开发团队与其说是一个实体团队，不如说是一个协调委员会，具体的产品开发任务还是由各职能团队完成的，但是，所有相互关联的问题都要通过产品开发团队来协调和解决，所以，产品开发团队实际上是各职能团队的合作组织。日本 IBM 公司董事广濑贞夫在其著作中指出了这一点：产品开发团队成员对所分配的具体业务负责，按计划向团队提交成果。为此，必须要求职能组织执行具体任务，并实施进度管理和解决职能组织内部遇到的问题。也就是说，项目的实际业务是在产品开发团队成员的上级，即职能组织负责人的指挥下展开的，所以，必须得到其密切配合。为此，通常要共享项目信息，发生问题时请求其协助。相对于企业按照职能划分的各个团队来讲，集成产品开发团队实际上是一个虚拟团队，因为具体的产品开发任务还是由各个职能团队来完成，只是通过这种虚拟团队，把各个职能团队联系在一起，保证良好的相互配合和沟通，以便协调和同步。

在国民经济动员演练和国民经济动员实施的活动中，国民经济动员联盟的功能应相当于集成产品开发中的产品开发团队。国民经济动员联盟既是一种战略联盟，也是一种动态联盟，它把完成国民经济动员资源保障任务的各有关单位通过虚拟组织的形式联系在一起，以便沟通、协调、配合，共同完成特定的国民经济动员任务。以煤炭动员为例，这个动员联盟既包括煤炭采掘企业，也包括煤炭运输企业，以及为保障煤炭的超常规供给所需要的其他保障和支撑机构。

5. 按功能划分的各职能团队——政府各职能部门

在实施集成产品开发的企业中，按功能划分的各职能团队构成了企业的各个组成部门或者职能部门，如企业的策划部、开发部、财务部、质量管理部、人力资源部等，这些部门共同构成了企业的基本组织架构，也是企业积蓄力量，完成集成产品开发活动的基本依托。企业各职能部门平时着重提高本部门完成产品开发任务的能力，在实施集成产品开发时，它们要响应产品开发团队的要求，提供专业的技能支撑。

国民经济动员体现的是国家意志，由政府来主要推动，所以，在国民经济动员活动中，按功能划分的各职能团队实际就是政府中承担行政职能的各个职能部门。政府各职能部门在各自的领域内发挥领导作用，向集成动员提供所需要的各种专业支撑，并且，由这些职能部门按照动员任务需要抽调人员组成动员联盟，通过动员联盟的沟通、协调和调度来完成国民经济动员任务。以医疗卫生动员为例，在进行海上医疗卫生拉动演练时，完成这个任务的国民经济动员联盟由各级国民经济动员机构来组建，其成员则包括政府各职能部门，以及政府各职能部门管理下的专业技术力量。如卫生计划生育部门负责抽组医疗队，工业和信息化部门负责保障所需要的医疗器械的生产，经贸部门或有关经贸企业负责药品和器械的采购，财政部门负责按照政府财政管理体制落实所需要经费，交通运输部门负责落实交通运输保障等。

这里需要做一点特别说明，按照我国政府体制的实际情况，政府部门包括不同的类型，有政府组成部门、政府职能部门等不同区分，并且，按照我国当前的社会治理结构，负责管理国家事务和公共事务的组织还包括政府所属事业单位、大型国有企业的最高管理层，以及其他担负公共管理职能的社会组织（如各级各类群众团体、各级各类协会等），为简化论述，下文统称为"政府的职能部门"，在不易与企业的职能部门混淆的语境中则直接简称为"职能部门"。这只是一种简化处理，不代表本书的观点发生改变。

三、集成动员的矩阵型组织

集成产品开发是典型的跨组织合作行为。IBM 实施集成产品开发的组织结构如图 2.2 所示，从横坐标来看，是 IBM 公司的各个职能团队，也是其企业的各个职能部门，从纵坐标来看，是完成集成产品的各个环节所构成的集成产品开发流程。从图中可以看到集成产品开发流程上各个环节与企业组织结构中的各个职能部门都有关联（当然，不同的环节与各个职能部门的关联程度可能并不相同），而且，从供应商到客户的完整供应链要经过一个典型的矩阵式组织架构。

从国民经济动员流程来看，完成集成动员任务自然也有其不同的环节，这就相当于图中纵坐标上的集成产品开发各个环节。另一方面，完成集成动员任务的各个环节也与政府各个职能部门有很深刻的关联，相当于图中横坐标上企业组织架构。

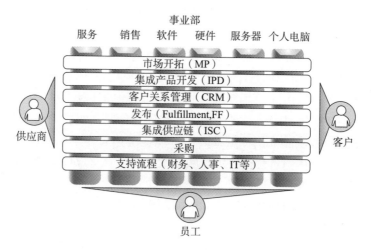

图 2.2　集成产品开发的矩阵式组织架构

本书更感兴趣的是建立这种矩阵式组织架构的模式。通过访谈 IBM 中国公司的有关人士，得知他们内部实际经常使用业务总线的概念。总线本来是计算机术语。计算机系统的部件之间互连方式有两种：一种是各部件之间使用单独的连线，称为分散连接；另一种是将各部件连到一组公共信息传输线上，称为总线连接。而总线标准可以看作是系统与各模块之间、模块与模块之间的一个互联标准界面。这个界面对它两端的模块都是透明的，即界面的任何一方只需根据总线标准的要求完成自身一方接口的功能要求，而无须了解对方接口与总线的连接要求。因此，按总线标准设计的接口可视为通用接口。

在集成产品开发中，产品开发团队是面向特定的集成产品组合而动态组建的，所以，各个职能部门可动态地加入或者退出产品开发团队，所以，需要一个标准的对接方式。国民经济动员的动员联盟同样如此。前文已经指出不同的动员任务，实际上是不同的动员组合，参与动员活动的政府职能部门也各不相同。有些职能部门可能要参与所有的动员活动，这往往是一些综合部门；有些部门则不一定参加特定的动员活动，这往往是一些专业部门。所以，每次动员活动的动员联盟都需要把政府的不同职能部门结合在一起，并且要高效率地相互配合完成动员任务。

针对总线技术的分析，在这种业务总线模式中，需要完成的任务包括：数据交换、业务配合、工作衔接、进度控制。国民经济动员机构的重要任务就是要建立、健全和维护这样一种工作模式。国民经济动员机构完成动员任务的最高境界就是按照动员任务要求，代表同级政府组建高效率的动员联盟，而把完成动员任务的具体业务落实给政府各个职能部门，政府各个职能部门按照其自身职能及其在政府整体职能中的功能定位提供专业性的保障，以保障国家意志的贯彻落实。也就是说，国民经济动员是国家意志的体现，政府作为国家行政机构必须贯彻落实国家意志，政府各个职能部门则按照当初政府机构设置的初衷，在其职责范围内贯彻落实国家意志。比如，在任何国民经济动员活动中，财政部门都要负责资金的调配和使用监督；公安部门都要负责治安保障和社会生产生活秩序的维护；如果涉及民用工业生产活动，工业和信息化部门就要负责组织生产活动；如果涉及商业贸易活动，商贸部门就要负责组织实施；如果涉及运输活动，交通运输部门就要承担起其职责；等等。

所以，从这个角度来看，国民经济动员机构的主要职能是代表政府建立健全这种工作模式，并在实际工作中监督这种工作模式的运行，以保证国民经济动员工作的顺利展开。由此，重新定位国民经济动员机构的管理跨度，即国民经济动员机构主要是代表同级政府协调政府职能部门有秩序、高效率地完成国民经济动员任务。这样，目前国民经济动员机构的有些业务可能需要按照设置职能部门时的岗位职责，交还给政府各职能部门，比如，潜力调查主要由统计部门负责，国民经济动员预案编制则由政府各个职能部门按其职能定位来分别编制，国民经济动员机构则代表同级政府组织、协调、监督这些国民经济动员准备工作的进展，以保障国民经济动员任务的落实，以及跨部门的协调与配合、同步等。另外，由于政府职能部门的设置也是典型的人工系统，并且，在设置政府职能部门时要综合考虑多种因素，同时，随着社会经济的发展，政府职能部门的设置也可能会需要不断改进。在这种情况下，针对具体的国民经济动员工作，可能出现职能缺项的情况，对此，国民经济动员机构应该积极建议政府完善职能部门设置或者各职能部门职责的调整，同时，在缺项尚未弥补的情况下予以暂时的补充，从而构筑完善、完整的国民经济动员工作体系。

四、集成动员的主线

通过对集成产品开发的分析，明确了集成产品开发的主线，即图2.2中从供应商，经过矩阵式组织架构再到顾客的线索，也就是集成产品开发的供应链，在集成动员活动中，称之为国民经济动员链。

需要指出的是，图2.2是IBM公司的组织架构，并且只是一个逻辑上的架构。把这种模式引入国民经济动员领域，有两个必须注意的问题。

第一，IBM毕竟只是一个企业，其生产经营范围尽管很广泛，但也只是集中在有限的几个特定领域，并且IBM公司一直在精简其业务领域，已经剥离、出售了很多业务，其PC机业务和服务器业务基本都出售给联想集团了。而国民经济动员的服务对象是保障国家安全的资源需求，在习近平总书记阐述了总体国家安全观以后，维护国家安全的范围更加广泛，必须构建集政治安全、国土安全、军事安全、经济安全、文化安全、社会安全、科技安全、信息安全、生态安全、资源安全、核安全等于一体的国家安全体系。所以，国民经济动员的业务范围要广泛得多。

第二，图2.2只是一个逻辑架构，并没有完全反映IBM公司的实体分布情况。IBM作为一个跨国公司，在世界各地有众多的分支机构，而在图2.2中，横坐标上的公司职能部门被抽象成几个代表性的门类。在我国的国民经济动员活动中，不仅各级政府的职能部门设置各不相同，中央政府也不再要求各级政府对口设置机构，而且，同级政府各职能部门的组织情况也千差万别，国民经济动员活动作为国家意志的体现，应该由全国各级政府及其组成部门按照功能定位和职责分工共同完成。并且，动员资源的保障工作也不仅仅是职能部门能够完成的，职能部门只是管理者，具体的生产、供应、配送等活动都要有专门的企业或者其他机构来完成。

如何才能把国民经济动员涉及的各种社会要素集成起来，构建全要素、多领域、高效率的国民经济动员体制机制呢？为了解决这个问题，只能回归国民经济动员保障应战应急资源需求的本义，按照资源保障的线索来集成这些要素。

针对国民经济动员工作，本书认为它包括两个相对独立又密切联系的链条，即国民经济动员管理链和国民经济动员供应链。简而言之，国民经济动员管理链是各级国民经济动员管理机构按照保障应战应急资源的要求集成起来的一个工作体系；国民经济动员供应链则是将应战应急资源的产出、调度、配送、保障等活动相互衔接而集成的资源保障链条。这两种链条统称为国民经济动员链。由此，厘清了国民经济动员学领域纠结多年的理论难题——国民经济动员活动的参与者到底包括谁。其实国民经济动员涉及的对象非常广泛，《中华人民共和国国防动员法》中多次使用了"公民和组织"这种表述。但是，既要强调承担国民经济动员义务主体的广泛性，也要区分其中不同性质的活动。通过对国民经济动员链两个链条的划分，本书的研究工作更加清晰、准确，也更有针对性，毕竟，组织管理与生产供应活动是两类不同性质的活动。

五、集成动员基础性工作

一方面，集成产品开发理念强调通过严密的计划，把原来的许多后续环节提前，以缩短产品上市时间；同时，尽量采用共用基础模块（Common Building Block，CBB）来提高产品开发的效率。另一方面，集成产品开发强调技术研发与产品研发分别部署，主张关键技术和平台技术开发优先于产品研发，事先形成平台产品用于产品开发时共享；同时，在共享平台产品的基础上，细分子产品，以满足产品多样化需求。

本书主张把集成产品开发的理念引入国民经济动员领域，推进建立集成动员模式，那么，这里所说的共用基础模块、关键技术、平台技术就相当于国民经济动员的基础工作，这个工作应该成为国民经济动员机构平时工作的重点。

前文主要从体制机制的角度分析了国民经济动员机构的功能定位，分析了国民经济动员工作的职责和管理跨度。国民经济动员的长期准备，其实就是面向国民经济动员实施的需要，事先做好其基础性工作，以便在国民经济动员实施时能够高效率地完成国民经济动员任务。其实，平时的国民经济动员准备工作就相当于集成产品开发中的并行模式，即把实施国民经济动员时需要的很多工作，提前到平时的国民经济动员准备过程中来，事先做好相应的准备，这样在实施国民经济动员时就会因为事先有所准备而提高效率。

显然，不论推进并行模式与重用性，还是优先开发关键技术与平台技术，都必须通过周密的计划和妥善的安排。而在国民经济动员活动（不论是常态下的国民经济动员准备活动，还是危态下的国民经济动员实施活动）中，政府各职能部门都是按其功能定位承担其职责范围内的任务的，对全局和整体的谋划与布局是国民经济动员机构责无旁贷的义务。从这个角度，本书认为国民经济动员机构应该通过政府的运作机制把属于政府职能部门的职责归还给政府职能部门，同时加强对国民经济动员工作的预判与预研，切实把握国民经济动员准备的战略方向，代表同级政府着力推进国民经济动员的预先准备，增强国民经济动员工作的前瞻性，抓好国民经济动员重要基础性工作的落实，提高国民经济动员准备的水平，为国民经济动员实施奠定良好的基础。

另外，集成产品开发强调产品开发流程的结构化，它将产品开发流程明确地划分为概念、计划、开发、验证、发布、生命周期六个阶段，并在其中清晰地定义决策评审点。各个决策评审点的衡量标准一致，只有完成了规定任务才能够由上一个决策点进入下一个决策点。

结构化的流程是指建立在相互关联的流程活动上的一个系统化框架结构，并有一定的组织原则来支持该流程运作。结构化流程的特点就是标准化程度特别高，以此来建立国民经济动员业务流程，有助于提高国民经济动员业务的标准化水平，让参与国民经济动员工作的公民和组织都有所遵循，从而提高国民经济动员的业务水平。结构化流程的另一个特点是特别适合计算机建模，通过建立集成动员的业务流程仿真模型，来试验和验证国民经济动员政策的效果和水平，以便及时改进和提升国民经济动员工作。

本章小结

本章引入集成产品开发的思路，系统阐述了集成动员的基本理论，有利于促进国民经济动员事业的不断深入发展，符合党的十八届三中全会和四中全会关于深化改革和依法治国的要求，也是促进国防建设与经济建设融合发展的突破口。

一方面，初步阐明了集成动员的理论渊源，从主体、目标及经济性等方面分析了IPD理论移植到国民经济动员领域的可行性；从投资、需求、组织协同、并行模式及模块化方面分析了IPD对集成动员的启示；辨析了集成动员与敏捷动员的关系，并提出了集成动员概念，即以国家总体安全观为指导，以动员需求为导向，以充分保障应战应急资源需求为宗旨，以敏捷性为灵魂，以效率和效益为目标，以国民经济动员链为依托，以信息技术为支撑，以业务组合为切入点，以业务总线为基础，以建立健全跨组织的工作模式为手段，在推进国防建设与经济建设融合发展的过程中，努力建立与国家安全需要相适应、与经济社会发展相协调、与突发事件应急机制相衔接的国民经济动员工作模式。

另一方面，详细阐述了集成动员理论的五方面研究内容。首先，提出动员组合，认为国民经济动员活动是多个领域和多个部门动员的组合，以此规避国民经济动员划界的问题；其次，借鉴我国国防动员管理体制，提出集成动员的组织体制，包括国防动员委员会、国防动员委员会办事机构、各种国民经济动员指挥部、国民经济动员联盟以及政府各职能部门；继而，借鉴IBM的组织结构，提出集成动员跨组织的矩阵型组织结构；再次，考虑实际动员活动，提出了由国民经济动员管理链和国民经济动员供应链构成的集成动员主线；最后，明晰了由IPD的共用基础模板、关键技术和平台技术引申的集成动员的几项基础性工作。

第三章

集成动员业务模式研究

第二章从多个方面详细论证了借鉴集成产品开发的思路,集成各类社会主体,完成国民经济动员任务的重要性,也论证了集成动员的可行性和必要性;阐述了集成动员基本理论的五方面主要内容,特别是明确了集成动员的主线是国民经济动员链。

当前,国民经济动员的大多工作方式都是根据具体动员任务采用一事一议的方式,尚未从根本上形成统一、规范的业务模式,因此,本章将基于国民经济动员链,构建集成动员业务模式,以期进一步规范国民经济动员工作方式,提高国民经济动员的敏捷性和高效性。一方面,从国民经济动员任务分解方式着手,明确构建集成动员业务模式的基本思路,提出双层柔性连接业务模式,即由集成动员管理层、供应层和指挥关系三部分构成。另一方面,就双层柔性连接业务模式的构成分别展开研究,深入分析集成动员管理层的动员主体、职能职责以及管理总线等,集成动员供应层的基本单元以及供应总线等,集成动员业务总线体系以及集成动员指挥关系等。

第一节 国民经济动员业务模式

业务模式是完成动员任务的具体工作方式。构建集成动员业务模式,应在当前国民经济动员任务分解的基础上，明确集成动员业务模式构建的总体布局，从而提高业务模式的针对性和实用性。本节将简要阐述国民经济动员任务分解的方式方法，在此基础上，明确集成动员业务模式构建的基本思路，包括特点、原则和要求，进而提出集成动员业务模式。

一、国民经济动员任务分解

国民经济动员的主体是国家，因而，从法律角度来看，国民经济动员体现的是国家意志，但从国民经济动员业务的角度来看，它要逐层落实。也就是说，国民经济动员任务会自上而下地逐层分解落实。

（1）如果一项国民经济动员任务需要由国家层面来落实，即由国务院和中央军委有关部门在各自的职权范围内组织实施，对国民经济体系的具体调控活动则由中央政府组织中央政府的职能部门落实，而作为国家国防动员委员会办事机构的国家经济动员办公室则负责协调各职能部门。

（2）如果一项国民经济动员任务需要分解到各省、自治区、直辖市去落实，则由国务院将任务分解到各省级政府，各省级政府承接国务院分解落实下来的国民经济动员任务。此时由相应的省级政府总体负责，省级政府的职能部门负责具体执行，省级国民经济动员机构负责协调。

（3）如果一项国民经济动员任务还需要分解落实到再下级去落实，则照以上思路，由上级政府逐级向下级政府分解任务。接受上级分解下达的国民经济动员任务的各级政府总体负责完成国民经济动员任务，同级政府的职能部门成为完成国民经济动员任务的具体执行部门，同级国民经济动员机构负责协调各方。

按照我国的国防动员体制，以上模式的任务分解可以分解到县级人民政府。县级以下人民政府则不再设立国民经济动员机构，在承担国民经济动员任务时，统一接受县级以上各级人民政府的指挥。

分解落实任务是按照我国的行政管理体制和政府体制所进行的授权分治安排。比如，为了应对 2008 年南方雨雪冰冻灾害，国家电网和南方电网承担了供电修复任务，部分省、市、自治区也承担了很多支援任务，相应的国民经济动员活动是由央企或者部分省级单位承担的，但是，这不是央企和部分省、市、自治区的自主行为，依然是国家应对自然灾害活动的统一安排。

二、集成动员业务模式构建的基本思路

由于当前的国民经济动员实践中并没有固定成型、可供推广的业务模式，不论是平时的国民经济动员准备工作，如潜力调查、预案编制、动员中心建设、国民经济动员演练等，还是启动国民经济动员机制，实施应战应急的资源保障活动，都没有统一的工作模式，各省、自治区、直辖市都采用不同的方式来完成每次国民经济动员任务，甚至同一个省、自治区、直辖市也用不同的工作方式完成不同的国民经济动员任务。基于这种现状，本书试图提出一种固定的工作方式，为现实的国民经济动员实践提供实际的参考与借鉴。

本书将实际开展国民经济动员任务的具体工作方式称为集成动员业务模式。这种业务模式适用于完成国民经济动员任务的各个层级。如果某项国民经济动员任务由中央政府负责落实，则这种业务模式就是中央政府层面的工作方式；如果某项国民经济动员任务由省级政府层面负责落实，则这种业务模式就是省级政府层面的工作方式；如果某项国民经济动员任务由县级政府负责落实，则这种业务模式就是县级政府层面的工作方式。

所设计的业务模式适用于完成某项国民经济动员任务的最底层。如果某项国民经济动员任务由基层政府负责具体落实，则其上级政府在分解并下达任务后，即转入对其集成动员活动的监督、指导状态。当基层政府遇到不可抗力，无法完成上级政府下达的国民经济动员任务时，可以请求其上级政府予以协助，甚至请求其上级政府重新分配国民经济动员任务。

下面从集成动员理论出发，针对当前国民经济动员工作的现实需要，提出构建集成动员业务模式的特点。

第一，借鉴集成产品开发中矩阵形组织和跨部门业务团队的思想，提出集成动员的跨部门业务团队，即完成某项国民经济动员任务，不再是国民经济动员机构单打独斗，而是由同级政府的职能部门共同来完成，由政府从相关的职能部门中"抽组"专业的团队来完成这项任务。所有职能部门都有完成国民经济动员任务的义务，这是《中华人民共和国国防法》和《中华人民共和国国防动员法》所规定的责任和义务，具有法律约束力。

这个特点所针对的实际情况是：目前的国民经济动员任务基本上就是

国民经济动员机构，最多再加上国民经济动员机构设置于其中的同级发展和改革委员会来全面负责，同级政府的职能部门则没有被纳入完成国民经济动员任务的团队中来；某些情况下某些同级政府的职能部门可能会予以协助和配合，某些情况下同级政府的职能部门甚至不予协助和配合。形成这种情况的原因是多方面的，主要是各级政府的职能部门的国防意识不强，更重要的是各级政府的国民经济动员业务模式不明晰，再加上法律法规方面的欠缺，也使得国民经济动员机构一筹莫展。比如，在进行国民经济动员潜力调查时，国民经济动员机构需要得到同级政府统计部门的数据支持，但是，由于没有明确的责任和义务划分，再加上统计法关于数据保密的规定，统计机构必须得到政府主管领导的批示才能向国民经济动员机构提供数据。

第二，借鉴集成产品开发的有关思想，重新定义国民经济动员机构的职能。国民经济动员机构是同级国防动员委员会的办事机构，而国防动员委员会是同级政府和同级军事机关的议事协调机构，所以，在集成动员业务模式中，国民经济动员机构应该回归其协调职能。这既符合设立国防动员委员会的初衷，也强化了同级政府的职能部门的国民经济动员责任和义务，更重要的是，国民经济动员机构能够更好地履行其协调职能。

这点设想所针对的现实状况是：目前完成国民经济动员任务时，国民经济动员机构几乎要独立完成国民经济动员任务所需要的所有管理职能，包括组织、指挥、协调、保障等。比如，集装箱动员任务中，某一个国民经济动员办公室要承担征集集装箱运输车、沿途加油、司机用餐、车辆维修等所有的具体组织与管理工作，还要花费很大精力来筹措经费。

第三，借鉴集成产品开发的思想，按照任务导向设计集成动员业务模式。从IBM实施集成产品开发的组织结构图（图2.2）中可以看到，横坐标方向是IBM公司的各个职能部门，而纵坐标方向则是集成产品开发的各个具体的业务环节，这说明集成产品开发是在不变革公司架构的情况下，按照产品开发任务来组织不同的团队。矩阵型组织结构就是这样形成的。由于IBM公司的组织架构设计是综合考虑多方面要求来确定的，虽然可以变革，但是，决不会按照单一的任务需求来变革组织架构。同样，我国政府机构的设置，也是综合考虑多方面的需要而建立的，政府机构一直在改革之中，社会治理体制与治理手段改革已经被列入全面深化改革的范畴，但是，显然不能按照国防动员的要求变革政府架构，如此就完全变成战时政府了，动员也就失去了意义。在日常的工作中，这种不全面变革政府机构，而是通过一些手段来完成特定任务的方式，通常称为"用机制来弥补体制上的制约"。

为了更好地完成动员任务，按照任务导向来设计国民经济动员业务模式，也就是说，某次国民经济动员的团队有哪些职能部门或者其他机构参与，完全取决于任务需求。如此一来，所有的职能部门都肩负国民经济动员义务，但并不是每次都参与完成国民经济动员任务，有些部门可能经常性地参加国民经济动员业务团队，如财政部门、公安部门，有些部门则不一定经常性地参加国民经济动员团队，如面向抢险救灾的应急资源保障可能就不需要农业部门参与。因此，每次完成国民经济动员任务都会有很多部门参与，特定的国民经济动员任务不再是某个部门、某个行业的单独业务，而是跨部门的业务，这正与IBM公司集成产品开发的模式不谋而合。

提出这种思路针对的现实状况是：传统的国民经济动员理论和现实的国民经济动员实践都是面向行业的，现行的国民经济动员教材、预案体系等都是按照行业来编制的，如工业动员、交通运输动员、财政金融动员等。在国民经济动员实践中，宁波市国民经济动员办公室率先突破了这种藩篱，编制了物资保障综合预案，这是一个面向任务、而非面向行业的国民经济动员预案，因为其中涉及了不止一个行业。

第四，借鉴集成产品开发的思想，以业务总线作为集成动员的工作平台。在IBM的集成产品开发中，业务总线是组织产品开发团队的基础和工作平台。集成动员业务模式既然是任务导向型跨部门工作方式，各参与部门的协作配合平台问题就是不可回避的问题。因此，集成产品开发业务总线的思路完全可以移植到集成动员中来，成为集成动员的工作平台。

当然，国民经济动员活动不同于企业层面的产品开发。企业层面的产品开发没有强烈的政府背景，即使企业承接的是政府合同，政府也不直接参与产品开发的组织与管理，只是监督企业履行合同的行为。国民经济动员则不同，它是国家行为，有强烈的政府背景，政府必须直接组织和指挥国民经济动员业务；但同时，应战应急的资源保障又要依靠直接提供产品或者服务的企事业单位来承担。因此，国民经济动员业务模式有两类完全不同的主体，也分为两个完全不同的层面。相应地，这两个不同的层面都有各自的业务总线。所以，集成动员的业务总线共有两条，既包括管理层面的集成动员管理总线，也包括供应层面的集成动员供应总线。

三、双层柔性连接业务模式

国民经济动员链是实现应战应急资源超常规供给的基础,也是组建国民经济动员联盟的依据。组建国民经济动员联盟的目的就是建立健全国民经济动员链,通过国民经济动员链满足国民经济动员需求,即超常规地供给应战应急资源。

国民经济动员链包括国民经济动员管理链和国民经济动员供应链。但是,如果将研究的重点聚焦于此,会发现这两个链条依然有其自身的复杂结构,很难用线性的链条来对其加以描述。它们在逻辑上可能表现为一维的链条,但在拓扑结构上可能会再现为二维平面,即集成动员管理链平面和集成动员供应链平面,并且,这两个平面之间还存在着复杂的相互联系,因此,集成动员模式会从二维拓展到三维,表现为一种双层柔性连接的三维模式。

集成动员管理链平面在本书中称为集成动员管理层,集成动员供应链平面称为集成动员供应层,两层之间的连接称为集成动员指挥关系,如图3.1所示。

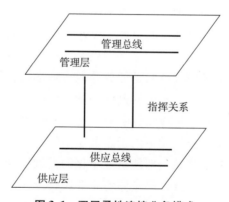

图 3.1 双层柔性连接业务模式

第二节 集成动员管理层

集成动员管理层主要是由管理国民经济动员业务活动的各类管理机构之间相互联系构成的。把这些管理机构组织起来建立管理层时,要体现前文中提出的基本思路，而建立集成动员管理层的最直接的表现就是建立集成动员的组织结构。

从管理学的角度来看，组织职能是管理的基本职能之一。管理学认为，组织职能有两个方面的含义：一方面指组织结构，即为实施计划而建立一种结构；另一方面是指组织活动，即为实现计划目标而去建立组织结构的行为。前者是后者的目标，后者是前者得以形成的途径。组织结构是明确组织各部分排列顺序、空间位置、聚散状态、联系方式以及各要素之间相互关系的模式。它是整个管理系统的"骨架"，也是组织的全体成员为实现组织的目标，在管理工作中进行分工协作，在职能范围、责任、权利方面所形成的结构体系。

就集成动员组织结构设计而言，下面主要阐明集成动员组织包括哪些成员、各成员在组织中的地位及相互关系、各成员间协作配合的模式等。

一、管理层的各类动员主体

按照我国现行国防动员体制，国防动员的工作格局是"军队提需求，国动委搞协调，政府抓落实"。国民经济动员属于国防动员的一部分，自然亦照此安排。

而按照《中华人民共和国国防动员法》的规定，国防动员委员会议定事项由军队和政府在各自的权限范围内负责落实。所以，国防动员委员会是集成动员的决策主体，政府是落实最终集成动员任务的责任主体，政府的职能部门则是落实集成动员任务的执行主体，而国民经济动员办公室（既是国动委的办事机构，又是政府职能部门）则由政府授权直接代表政府，成为整个集成动员任务的协调主体，具体承担集成动员的协调工作，一方面协调军地双方，另一方面代表政府协调执行主体，同时，还要承担缺少具体执行主体的任务。相关涉及主体如表3.1所示。

表 3.1 管理层的各类动员主体

主体类型	动员主体
决策主体	国家国防动员委员会及地方各级国防动员委员会
责任主体	中央政府及地方县以上各级人民政府
执行主体	各级职能部门
协调主体	国家经济动员办公室及地方县以上各级国民经济动员办公室

这四类主体在集成动员活动中构成了集成动员管理体系，也就是双层柔性连接的集成动员业务模式中的集成动员管理层，当然，按照管理学的惯例，也可以称之为集成动员的组织结构。后文中，根据需要可能会分别使用两种术语，但是，不论使用哪个术语，它的本质都是按照我国的行政管理体系和社会治理结构把管理部门集成在一起形成的集成动员管理体系。

国民经济动员管理层是为了构建和维护国民经济动员供应层而组建的，它依赖于行政管理体制和社会治理结构。因此，在不同国家的不同社会经济体制下，国民经济动员管理组织结构并不相同，或者同一个国家的不同发展阶段，因为行政管理体制和社会治理结构的不同，国民经济动员管理组织结构也有不同的模式。比如，在计划经济体制下，国民经济动员管理组织结构的形式比较简单；在市场经济体制下，由于所有制形式的多元化，多种经济成分并存，国民经济动员管理组织结构就比较复杂。

建立集成动员组织结构的驱动力是维护国家安全，目标是完成国民经济动员任务，国家按照完成动员任务的需要，按照集成动员管理层结构完整性的要求把政府的职能部门整合起来建立集成动员组织。在整个集成动员活动中，尤其是在集成动员管理活动中，各类主体应该分别承担不同的具体任务，明确各自职责，特别是集成动员中非常重要的两类主体——执行主体和协调主体。

（一）集成动员的执行主体

执行主体是各级政府的职能部门，它们在具体的领域或行业内对直接承担集成动员资源保障任务的供应主体进行专业指挥，从而实现对完成国民经济动员任务所需要的资源进行调度和调控。如果完成国民经济动员任务需要医疗部门参与，就由医疗行政部门（如卫健委）负责指挥，需要工业部门参与就由工业和信息化管理部门（如工信部）负责指挥，需要交通运输部门参与就由交通管理部门（如交通部）负责指挥，等等。

明确集成动员的执行主体，把职能部门纳入集成动员组织结构是提高集成动员效率的客观要求。

第一，明确职能部门的国民经济动员责任和义务。国民经济动员是国家行为，是国家意志，政府是国民经济动员的责任主体，职能部门责无旁贷地要承担国民经济动员的责任和义务。这本来在相关法律中已经有了明确的规定，但依旧需要在工作模式层次上予以具体落实。

第二，适应国家治理结构现代化的要求。毫无疑问，国家治理结构现代化的方向肯定是权责分明、权责统一，全社会的各个组成部分各负其责、协作配合，共同完成对国家事务的管理。文中反复强调职能部门的执行主体地位，也是为了在国民经济动员领域贯彻落实这个基本要求。

第三，提高集成动员指挥的专业化水平。早在经济学发轫之始，亚当·斯密就在其著作中阐述了社会化生产的分工与专业化的重要性。集成动员的应战应急资源保障工作涵盖了国民经济的各个行业、各个领域，全社会的所有经济要素。面对现代社会化大生产的复杂体系，生产指挥的专业化也是题中应有之义。如果职能部门不承担执行主体的职能，全都推给国民经济动员机构，很难保障对应战应急资源保障的专业化指挥。尤其是信息化时代和信息化局部战争的条件下，无论应急的资源需求，还是应对信息化战争的资源需求，高度专业化的高新技术都占有极为重要的地位，这绝对不是国民经济动员机构可以凭借经验去指挥的，只能交给相应的职能部门去指挥。

职能部门成为执行主体后，执行的是政府的指令，贯彻的是国家意志，所以，各执行主体必须服从政府指挥。同时，各执行主体也必须接受政府国民经济动员机构的协调，各司其职，主动配合，共同完成国民经济动员任务，并按要求向国民经济动员机构汇报进展情况，及时反馈各类信息。此时，国民经济动员机构也是执行政府指令，体现国家意志的，尽管在机构设置上其行政级别高低不同，但都是代表政府在行使国民经济动员协调职能。

（二）集成动员的协调主体

集成动员的协调主体，即国民经济动员机构。当前我国的国民经济动员机构普遍设置在各级发展和改革委，或是其内设机构，或是其代管机构。但是，在集成动员模式下，尽管它只是个协调机构，却是整个集成动员的核心所在，因为其代表政府全面协调国民经济动员任务，全盘掌控国民经济动员活动，是国民经济动员活动中经政府授权的总调度。

虽然集成各执行主体，建立集成动员组织结构是由政府按照国家意志来推进的，但是，国民经济动员组织结构的集成方案、集成模式、集成要求则是由国民经济动员机构按照平时国民经济动员准备的基础提出的。在现代社会分工越来越细、专业性越来越强的状况下，国民经济动员活动确实需要一个协调机构。集成动员理论特别重视强化国民经济动员机构作为协调主体的职能和权限，但反对现行的国民经济动员机构"包打天下"的工作模式，这种模式只是在国民经济动员工作体系逐步建立、尚不完善的情况下的一种权宜之计，具有明显的局限性。以国民经济动员潜力调查为例，各级国民经济动员机构试图拿到各类资源保障机构的专业数据，但面对这种专业数据又无力去进行判断和处理。比如，国民经济动员机构是否必须知道一个医生应该配备几个护士？是否必须了解一台挂面机必须配备几名操作员、几名辅助人员？如果再涉及专业性更强的问题，国民经济动员机构就更力不从心了。

事实上，之所以倡导集成动员理论，正是为了解决此前国民经济动员工作的困境。集成动员的特点是动员活动面向任务，不再面向行业，重点在于"集成"，国民经济动员机构不再关心各行业管理部门的具体管理业务，以及其下各类供应主体（工厂、医院、商店、维修站、物流中心等）的具体运作，而把这些业务交给职能部门去具体掌控。由此形成的国民经济动员工作模式是：国民经济动员机构协调职能部门，职能部门指挥供应主体，如，国民经济动员机构代表政府协调卫健委，卫健委再指挥医院完成动员任务。

在集成动员模式中，国民经济动员机构无须关注行业细节，而需要考虑的是面向医疗救护动员任务，卫生部门是否有足够的医护力量来保障完成医疗救护任务，交通部门是否有足够的力量去保障医护人员和药品、器材的前送和伤员转运。至于卫生部门、交通部门如何落实任务，落实给谁，则无须再去关心。动员机构只掌握行业的总体数据，即某行业的能力是否足以完成动员任务，有无缺项，有多少缺项，各个缺项有多大。这些数据都来自职能部门提供的数据，动员机构据此安排潜力建设和实施动员。如果发现有能力缺项，则督促职能部门去加以补充、完善，从而形成有保障的动员潜力。所以，未来的潜力调查，动员机构只关注于那些没有行业管理部门去收集的数据，而不再是全行业的数据。

所谓"没有行业管理部门去收集的数据"有如下几种情况：第一，职能部门是为了管理全部国家事务和公共事务而设置的，不是专门为国民经济动员设置的，面向动员任务可能有缺口；第二，政府机构也在不断的变动之中，某个时刻可能会有无法覆盖整个社会经济的情况发生；第三，由于以后的改革方向是"小政府"，有些方面可能是在正常的社会经济秩序下政府不管、实施动员时又需要知道，需要动员的，不能按照偶然的动员需求去改变常态的政府运作机制，这些方面就只能由动员机构去弥补。

二、集成动员的管理总线

所谓集成动员管理总线，就是集成动员管理层的日常工作平台，利用这个平台将一些工作常态化，建立稳定的集成动员管理模式，从而持续地提升集成动员能力。

按照集成动员业务模式的构建思路，在构建集成动员组织结构中，将集成动员涉及的各部门连接到一个公共基础平台上，称为总线连接。不同的动员任务，涉及的动员主体不同，参与的职能部门也各不相同：有些职能部门可能要参与所有的动员活动，这往往是一些综合部门；有些部门则只参加一些特定的动员活动，这往往是一些专业部门。所以，在集成动员管理层，每次动员活动的实质就是政府通过管理总线把诸多职能部门集成起来，建立动员联盟，并使其高效率地相互配合完成动员任务。

在当前的国民经济动员工作模式下，每次都是接受国民经济动员任务，启动国民经济动员机制后，需要哪些职能部门才去找寻这些部门，并没有建立职能部门执行国民经济动员任务的常态化、标准化、规范化工作模式。这种工作模式的弊端很明显，不仅是相关的职能部门没有建立高度的国防动员意识，更没有事先开展过国民经济动员的相关准备工作，没有足够的时间去准备完成动员任务所需要的材料、资源等，而且很有可能国民经济动员机构临时找到的职能部门并不是最适合的部门，从而浪费了时间，影响了国民经济动员活动的效率。比如，某次任务中需要征用渔船，军地双方费尽千辛万苦完成了任务，在事后总结时才发现渔船绝大多数隶属于动员中心。如果当时具有标准化的工作平台，有完善的工作模式，征用渔船的效率会更高。

在集成动员模式中，需要通过管理总线完成的任务包括：集成动员管理层的数据交换、业务配合、工作衔接、进度控制等。国民经济动员机构的主要任务就是要建立、健全和维护这种基于管理总线的基础架构，形成在管理总线支撑下的集成动员管理层工作模式。相应地，管理总线也就成为把职能部门和各种社会组织"集成"起来的基础平台，成为集成动员的支撑保障结构。

在集成动员管理层，管理总线的基本职能是：

第一，建立执行主体间规范化的业务接口。这种业务接口相当于计算机工作中总线协议或者总线标准。计算机行业工程中，总线协议和总线标准规定了各个部件与其他部件交换数据的模式，与各个部件自身的功能细节无关。比如音频模块如何控制喇叭，是音频模块自己的事，但音频模块如何从其他模块接收发音指令则由总线协议和总线标准规定，音频模块也需要按照总线协议和总线标准反馈执行结果。同样，在作为国家行为的国民经济动员领域，各执行主体如何在各自的专业领域内行使职能，由各个执行主体的性质决定，但是各执行主体间相互交换信息、相互协调和配合的问题则要通过管理总线来完成，所以管理总线是集成动员各执行主体在参与动员活动、完成动员时相互配合的业务接口。

第二，协调各个部门的业务节奏。它相当于计算机总线的时钟周期控制。集成动员活动也有时序要求，比如生产开始前要有原材料物流，生产开始一段时间之后才有产品物流。负责指挥物流的执行主体与负责指挥生产的执行主体间，要特别注意相互配合的节奏，即应战应急资源保障活动的秩序。这种按照业务节奏展开的整体活动的节奏，只能由作为协调主体的国民经济动员机构通过建立管理总线，完善集成动员管理层的基础架构来予以协调。

第三，把握总体进度。在各个部门相互配合、共同完成集成动员任务的情况下，所有的参与者都只完成局部任务（机器大工业的生产方式，通过社会分工，把所有的工人都变成了局部工人，没有任何一个工人完整地完成整个产品生产过程）。如何使局部之和大于整体，如何保障整体进度最佳，这都要通过管理总线去解决。

第四，解决业务冲突。计算机中的总线有一个重要的功能就是解决冲突。在多个执行主体协同配合完成的集成动员活动中，也可能会有业务冲突发生（应战应急资源保障的优先次序、资源分配之多寡、资金投入之先后等），并且，在每个部门都有可能参与多项动员任务的情况下，也会有自身的冲突（如救人、供电、维修都需要钱，财政部门可能会捉襟见肘）。这些冲突有些是跨部门的，有些是某个部门内部的，如果某些业务冲突需要多部门协同去解决，就要由协调主体所建立和维护的集成动员管理总线去解决。

在管理总线支撑下的集成动员组织模式如图3.2所示。

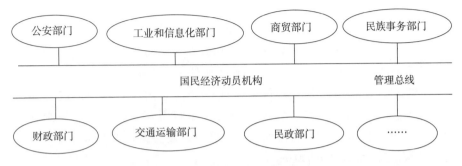

图 3.2　集成动员的管理总线

虽然集成动员管理层基于管理总线的基础架构非常有利于实现国民经济动员体系的新变革，但其工作模式也有一定的限制，实施中需要加以注意。因为这种工作模式中只有一条双向通道，结构中的所有站点都通过这一条信息通道进行信息交换，并由国民经济动员机构来协调。一旦总线断路就会导致整个结构无法工作。此外，在这种模式下，动员任务实施过程中的信息交换速率将全部依赖于这个基础架构。其优点是易于调整各个部门的工作速度，实现整体步调一致，但其局限性则在于可能降低整体的工作效率。所以，国民经济动员机构的工作至关重要，它负责协调整个动员活动过程中全部的信息交换及每一步的任务安排。由于管理者的精力局限，国民经济动员机构必须对动员任务有着绝对的了解和把握，负责从战略层面把握大局并在有关时间节点上监督相应的职能部门，这样才能避免这种工作模式的局限性。

三、集成动员的多任务管理中心模式

构建集成动员组织结构的思路源于集成产品开发。基于国民经济动员活动的典型跨组织合作行为，构建了典型的矩阵型组织。但是，矩阵型组织结构存在一些固有问题，可能会影响集成动员的实施效率。因此，需要结合国民经济动员工作的实际需要，对这个基本业务模式进行改进和创新。

（一）矩阵型组织的局限性

为尽可能地完善集成动员的组织结构，必须充分考虑矩阵型组织可能给集成动员活动带来的负面影响，从而预先采取措施予以解决。毕竟，未

雨绸缪要大大强于亡羊补牢。

首先，矩阵型组织由于涉及众多职能部门，其管理中不可避免会出现部门间协调问题，尤其是遭遇多个突发事件时，将更加凸显这种协调问题。在矩阵型组织中，一般由各个项目（任务）经理全权负责各自的项目。但矩阵型组织中没有专职负责多项目（任务）统筹和协调的功能单元，所有协调工作均有高层管理者负责，而鉴于有效管理跨度原则的限制，当项目（任务）数量增加到一定程度时，便会出现多个领导者分而治之的情况，这依旧面临协调的问题。

其次，"职能"和"项目"的双重领导。不论采取哪种矩阵组织管理方式，如强矩阵管理方式、弱矩阵管理方式或混合矩阵管理方式，员工均受控于双重领导。而由于职能部门领导与项目领导所处的立场不同，即都希望自身利益最大化，因此，在寻求彼此间利益平衡的过程中，可能会让员工在双重命令下不知所措，从而影响到国民经济动员工作效率。

最后，则是项目领导者的权责问题。理论上，项目领导者是对整个项目负责，他应该有权调动项目实施过程中所涉及的全部资源，并得到相关职能部门的支持。但矩阵型组织模式中由于没有明确的授权，项目领导者很难得到相应的权力，也就难以从全局的高度上指挥和协调各职能部门通力协作。因此，需要对矩阵型组织模式实施一些改进，以应对可能出现的问题。

（二）集成动员的多任务管理中心模式

为了尽量事先避免矩阵型组织在集成动员中有可能出现的弊端，本书主张建立集成动员的多任务管理中心组织模式，以期能够更好地完成集成动员任务。

首先，集成动员采取以任务为导向的管理方式，即在平时就把每个可能的任务都变成一条贯穿各职能部门的流程，并把相应的流程通过预案的形式予以规范。这样，当多个国民经济动员任务下达时，所涉及的职能部门（即执行主体）不会处于无序状态，可以启动相应的预案，按照既定流程实施动员。

其次，与通常的矩阵型组织模式不同，在集成动员管理层的组织结构中增设多任务管理中心，专职负责多任务的统筹和资源配置，以避免多任务下资源配置不合理及相关业务沟通不畅。多任务管理中心从全局出发，统筹所有项目，并按照优先级为任务分配负责人，从而解决多项目间的难协调问题。而多任务管理中心成员一般由集成动员的高层领导组成，依托国民经济动员机构作为办事机构。当然，在只有一个任务时，这个多任务管理中心就等同于国民经济动员机构。如此设计是因为，多任务管理中心成员必须掌握国民经济动员的全局，能够从战略高度为所有任务分配权重，并根据权重分配相应的资源，以实现最优化。因此，多任务管理中心的职能就是：协调各种任务流程；给任务负责人授权，监督任务负责人，并直接向最高领导层负责。

再次，集成动员将为每个任务择定专门的任务负责人，人员由多任务管理中心负责分配。这些专门的任务负责人领导各自的跨职能部门的成员实施动员，对整个任务流程负责。各个小组自成体系，有自我管理和决策的权力。任务负责人职责上相当于企业中的项目负责人。但不同的是，为避免出现任务负责人无法驾驭职能部门负责人的问题，多任务管理中心将对业务负责人进行高度授权，保证其权力高于职能部门，真正实现以业务为中心的原则，避免形成双重领导的尴尬局面，即在实施动员任务时，参与到任务流程中的人员将仅对任务负责人负责，将与动员任务有关的信息直接反馈给任务负责人，并受任务负责人的统一指挥和调度。

最后，集成动员将明确职能部门负责人的定位。职能部门负责人将不再有权领导执行集成动员任务的本部门人员，只能为其完成任务提供各种资源服务和指导。由于应战应急情况下，国民经济动员面临任务重、时间紧的问题，因此，为全面保证多任务的顺利进行，职能部门负责人主要负责日常基础保障工作，准确把握本部门面对不同动员任务时应该承担的职责，并通过专门方式传递给部门每个人员。例如，可定期为员工进行专业业务技能培训、不定期的人员技术考核，以及任务模拟训练等。另外，由于日常的信息沟通都是分部门进行的，而部门成员所掌握的都是与职能相关的专业知识，各职能部门的成员可能会因其专业性而无意中与其他部门割裂开来，导致部门间的沟通不畅，协作困难。因此，在集成动员模式中，职能部门负责人必须为此付出特别的努力。平时，职能部门负责人可定期进行部门间的学习、交流，了解各部门与动员任务相关的基本知识，长此以往，部门间的沟通将渐渐顺畅。当有动员任务需要时，根据任务负责人提出的任务要求，职能部门负责人选择最适合的部门人员加入集成动员的任务团队，与其他部门的成员共同建立国民经济动员链。

也就是说，在接受应战应急资源保障任务时，国民经济动员机构通过依托集成动员管理总线建立的矩阵型组织，能够迅速地明确完成该任务所需要动用的所有执行主体,并迅速组建多任务管理中心。多任务管理中心则将动员任务分解成若干并行的子任务,并挑选出合适的任务负责人。任务负责人挑选出任务所需的执行主体,并形成跨组织团队,正式开始动员活动。所有的执行主体依据国民经济动员机构的分配,各自行动,并接受国民经济动员机构的实时监督。

多任务管理中心模式如图 3.3 所示。

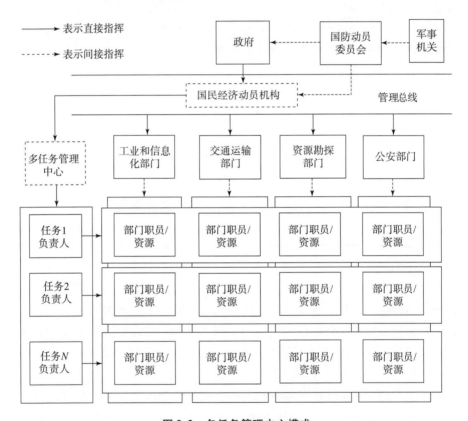

图 3.3　多任务管理中心模式

四、维护和完善集成动员管理组织模式

基于管理总线的矩阵型组织,是集成动员管理层的核心架构,也是集成动员的组织模式。为了保障集成动员活动的有效管理和顺利实施,必须根据集成动员的运行情况,以及内部和外部条件的变化,注重维护和完善

集成动员管理组织模式。尤其是在深化政府和军事体制改革的宏观背景下，不断维护和完善集成动员管理组织模式，不仅是适应外部环境变化的要求，也是支持军事体制改革的重要举措。随着社会治理体制和治理手段的不断现代化，集成动员将迎来更好的工作环境，也应该随之不断升级和完善集成动员管理组织模式。

由于相关的改革都在进程当中，国民经济动员又不能等候这些改革完成后再有所动作，因为某种程度上它本身就是相关改革的组织部分或者重要内容，所以，从目前调研和理论研究的进展出发，应从以下几个方面入手来维护和完善集成动员管理组织模式。

（1）建立必要的规章制度和议事规则。

集成动员管理层必须通过建立健全相关的规章制度，推进系统化和规范化管理，只有这样才能更好地确保顺利、高效地完成动员任务。

首先，必要的法律法规可以为实施动员活动提供保护并建立规范。组织者必须通过了解、掌握法律法规中与动员活动相关的要求，明确其重点内容，更好更快地实施国民经济动员。同时，只有在有法可依的情况下，集成动员的责任主体才有更大的权限去调度各类执行主体，集成动员的协调主体才有更多的手段去协调各类执行主体。

其次，必要的制度规则也能为评价集成动员活动的效果提供参考依据。集成动员必须在制度中明确提出相应的评价标准，以便推进动员活动的进展，并在动员活动结束后对其效果进行评价。

最后，必须建立科学合理的议事规则。建立议事规则可以明确集成动员中需要提出讨论的事项、各事项的重要性，以及是否需要生成书面文件等。因此，议事规则可以确保集成动员各个主体都能了解全局的重点和难点，以及各自所承担的义务与职责，以此促使各个主体在日常工作中有意识地确保重点、突破难点，确保实施动员时高效地完成集成动员任务。

（2）采用权利和责任清单制度明确各个主体的责任，并接受相应的监督。

党的十八届三中全会通过的《中共中央关于全面深化改革若干重大问题的决定》明确要求推行地方各级政府及其工作部门权力清单制度，依法公开权力运行流程。党的十八届四中全会通过的《中共中央关于全面推进依法治国若干重大问题的决定》，也对推行政府权力清单制度，提出了明确的要求。所谓权力清单制度，是指政府及其部门或其他主体在对其所行使的公共权力进行全面梳理基础上，将职权目录、实施主体、相关法律依据、具体办理流程等以清单方式进行列举，并公之于众。也就是说，权力清单制度就是各个职能部门的业务手册和办公指南。

在集成动员活动中，也应该采用权力清单制度，即明文规定集成动员各个主体在动员活动中的责任，对于其中不涉及国家秘密的内容要公之于众。一方面可以让集成动员各个主体更加明确自己权责，避免发生扯皮现象，同时，明文规定集成动员各个主体的权责后，很容易发现权责重叠或权责划分无法覆盖的缺项，而后根据议事规则适时予以修改和完善；另一方面，明确集成动员各个主体的权责，也便于对各参与部门进行监督，涉及国家秘密的部分可以通过内部监督机制予以监督，不涉及国家秘密的部分则应接受广泛的公众监督。目前，民众尤其是媒体的监督力量不容忽视。2008年汶川大地震中，许多救援物资的浪费、乱用等都是由媒体曝光的。接受公众的合理监督将进一步督促集成动员各个主体更好地履行职责，更好地完成应战应急资源保障任务。

（3）确立信息交互方式和渠道。

由于集成动员管理层采用的是基于管理总线的基础架构，其信息交互的效率将完全取决于总线的工作效率。同时，集成动员活动涉及国家安全，其传递的信息也面临着被非法窃听、截取、篡改和破坏的危险。因此，如何保证信息传递的快速性、准确性、完整性和安全性将是维护集成动员业务模式的一个重要方面。

首先，集成动员管理层基于管理总线的基础架构要求有一个通用且唯一的信息交互平台。这个信息交互平台将由集成动员高层领导者建立与管理。此信息交互系统的接口必须是统一的、容易扩展的和易于接入的。由于集成动员的信息交互系统可能会需要一些其他信息系统的支持，如动员资源信息系统、地理信息资源系统、高速公路交通管理信息系统等异构信息系统，只有统一的接口才能方便与其他系统进行对接。同时，随着动员进程的推进，各个执行主体会随之进入或退出，也就是说该系统的接口必须是容易扩展的，以保证执行主体的进入和退出。为了保障信息交互的安全性，这个信息交互平台必须在专网及内部网中使用，所有网口需要专人统一设置，使之无法接入外部互联网，以提高信息交互的安全性。

其次，对于系统使用者的权限严格采取分级授权方式。例如，各执行主体只能上传信息给国民经济动员机构，并读取国民经济动员机构主动发布的信息，而无权对信息进行修改，进一步保障信息传递的准确性。

最后，信息交互系统必须具有较强的抗干扰能力。应战应急时，信息系统很可能会遭遇灾害破坏或敌方打击等意外，要求系统必须有足够的抗干扰能力和灾难恢复能力，如可配备后备电源、备用网络、热拔插备份或分布式备份方式等。

五、集成动员管理层案例

上述的多任务管理中心模式是一个通用的架构，以下将通过一个案例来具体分析管理总线和多任务管理中心。

以内蒙古自治区为例，它的管理总线就是协调主体——内蒙古自治区国民经济动员办公室，平时负责联系政府各个相关职能部门，主要包括发展和改革委员会、教育厅、科学技术厅、经济和信息化委员会、民族事务委员会、公安厅、监察厅、民政厅、司法厅、财政厅、人力资源和社会保障厅、食品药品监督管理局、国土资源厅、住房和城乡建设厅、环境保护厅、交通厅、水利厅、农牧业厅、林业厅、商务厅、文化厅、卫生和计划生育委员会、审计厅、统计局、工商行政管理局、安全生产监督管理局、人民防空办公室和外事办公室等，如图 3.4 所示。这些政府部门平时履行"三定方案"规定的职责，负责各自的专门业务。国民经济动员办公室则平时注意沟通联络这些部门，维持一个稳定状态，以保障应战应急时能及时协调相关部门，实施动员。

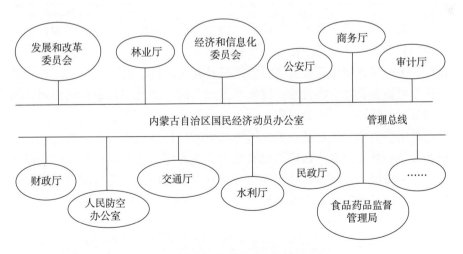

图 3.4　内蒙古自治区政府组织结构图

动员实施后,由国民经济动员办公室综合所有信息,直接委派任务管理者负责各个动员任务。根据动员任务,组建各个国民经济动员指挥部。例如,实施能源动员时,则能源动员的指挥部成员应包括国土资源厅、经济和信息化委员会、交通厅、公安厅、财政厅、审计厅,以及发展和改革委员会等。各部门详细职能如表3.2所示。

表3.2 能源动员指挥部成员构成

职能部门	职能
国土资源厅	负责提供资源信息
经济和信息化委员会	负责组织煤炭开采
交通厅	负责运输保障
公安厅	负责维护社会秩序和运输秩序
财政厅	负责经费支持与财政保障
审计厅	负责财务收支审计和预算执行情况审计
发展和改革委员会	负责把能源动员纳入当地经济社会发展总体规划,并按其职权实施宏观调控,以保障能源动员的顺利实施

根据不同的动员任务,政府有些职能部门会同时参与几个任务,而有些部门只会参加某次特定的动员任务。比如,能源动员不涉及林业厅、文化厅、卫生和计划生育委员会,但同时涉及财政厅、公安厅等;还有些动员任务可能涉及外事办公室,比如草原灭火应急动员中与蒙古国协调、救灾动员时与俄罗斯政府洽谈租用俄罗斯的大马力直升机等。

若实施医疗卫生动员,则其指挥部成员应包括卫生和健康委员会、发展和改革委员会、经济和信息化委员会、交通厅、公安厅、财政厅、审计厅、人力资源和社会保障厅、食品药品监督管理局,以及新闻出版广电局等。各部门详细职能如表3.3所示。

表 3.3 医疗卫生动员指挥部成员构成

职能部门	职能
卫生和健康委员会	负责提供医疗资源信息及重大疾病防治方法,并组织医院及医护人员参加动员活动,完成医疗卫生保障任务
发展和改革委员会	负责编制动员计划和相应的政策引导,并按其职权实施宏观调控,以保障医疗卫生动员的顺利实施
经济和信息化委员会	负责组织动员所需的药品、器械等的生产,提供整个动员活动中的物资保障
交通厅	负责相应的运输保障
公安厅	负责维护社会秩序和运输秩序
财政厅	负责经费支持,加强资金监督与财政保障
审计厅	负责财务收支审计和预算执行情况审计
人力资源和社会保障厅	负责做好必要的辅助人力资源保障,如搬运工、护工等
食品药品监督管理局	负责药品质量监督,以及完成动员任务所需药品、器械的紧急调配等
新闻出版广电局	配合卫生和计划生育委员会,开展多层次、多形式的卫生宣传活动,普及公共卫生知识,提高群众的自我防护意识

因此,若同时执行两种动员任务,则采用多任务管理中心模式,所有涉及部门由各动员任务负责人统一管理,部门领导者只负责协调辅助动员任务负责人,如图 3.5 所示。

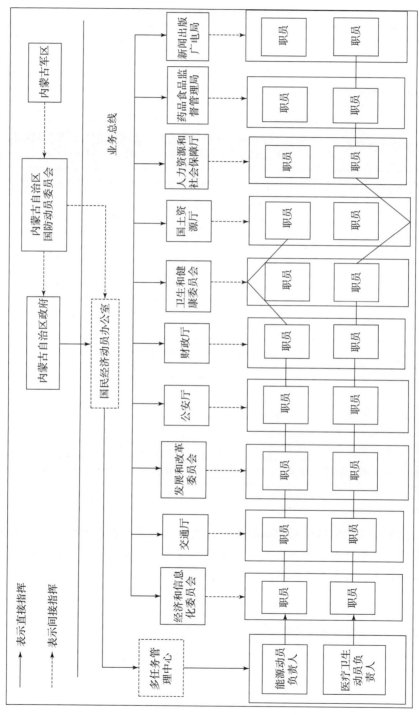

图3.5 多种类型动员活动同时进行——以能源动员和医疗卫生动员为例

第三节 集成动员供应层

集成动员供应层由直接完成集成动员资源保障的企事业单位及其他社会组织组成，它们按照现代社会化大生产的技术特点，以及现代社会化大生产的客观规律要求组成一个生产、供给层面的动员联盟，实现应战应急资源的超常规供给。

一、集成动员供应层的基本单元

集成动员供应层的基本组成单元包括生产型企业、服务型企业，以及其他社会组织。

（1）生产型企业，是最传统意义上的企业，它们负责具体应战应急资源的生产，是应战应急资源的直接供应方。

按照企业经济活动中对自然资源加工的深度不同，可以将其分为第一次产业、第二次产业和第三次产业。国家标准《国民经济行业分类与代码》（GB/T 4754—2011），按照企业经济活动的性质，可以将其分为门类、大类、中类、小类等更精细的类别。在日常生产组织和国民经济动员时往往采用一种比较粗略的分类，如种植业、养殖业、采掘业、加工业等。按照应战应急资源生产加工过程，它们可分别负责某种应战应急资源生产的某个工序或者某个环节，如原材料企业、加工企业、仓储物流企业等。

目前，国民经济动员更关注相关企业是否建立了国民经济动员中心。国民经济动员中心是为应对战争和突发事件，在国民经济动员的重点领域和方向，依托符合条件、有动员能力、具有代表性的企事业单位和其他社会组织设立的，承担国民经济动员任务的组织。这是我国国民经济动员准备工作的一项创新性工作。建立了国民经济动员中心的企业，在国民经济动员准备方面有更好的基础。因为按照建立国民经济动员中心的基本要求，国民经济动员中心平时需要开展动员准备工作，编制动员预案，开展动员演练，形成和储备相应的动员能力，提高平战转换能力；战时和紧急情况下，根据上级机关的统一部署和要求，依法启动动员预案，按时、保质、保量完成上级机关下达的动员任务。

可见，在生产型企业中，建立了动员中心或者类似机构的企业往往国民经济动员准备水平更高，具有更大的动员潜力，可以在应战应急时快速响应国民经济动员需求。

（2）服务型企业，指在应战应急资源保障过程中，不提供具体产品，但提供相关服务的企业，主要包括：①以科研和技术开发为主的企业，主要为应战应急提供科研、设计、开发服务；②以支前保障为主的企业，主要为应战应急提供支援保障，如装备维修、战场维修等；③以物资和产品储备为主的企业，包括各类物流企业和国家、地方、社会各类储备库等，如武汉九州通集团就是国内名列前茅的药品物流企业；④以理论研究、技术咨询与服务、专业培训等为主的企业，这类企业主要是非国有的各类咨询企业等。国家经济动员办公室在这类企业也建立了类似生产型企业中所建立的国民经济动员中心，这些建立了动员中心的企业同样具有更强的国民经济动员潜力，也具有更强的快速响应能力。

（3）其他社会组织，指除以上两类企业型以外的其他社会组织。它们在现代社会治理体系中承担着服务社会的重要职能，也是应战应急资源保障的重点依托单位。这类社会组织的涵盖范围很广，包括国有事业单位，也包括全社会的所有非企业型单位，如专业科研开发机构、教育机构、文化机构等，也包括非政府组织。国家经济动员办公室对于这类社会组织也有计划地建立了一批国民经济动员中心，旨在增强其国民经济动员潜力，强化其国民经济动员准备，提高其承担国民经济动员任务的快速反应能力。

二、集成动员的供应总线

集成动员的管理总线是集成动员管理层的工作基础。在集成动员供应层，本书认为同样存在一个集成动员的供应总线。

这种供应总线与集成动员的管理总线不同，集成动员的管理总线是集成动员管理层的基础结构，而集成动员供应总线则是集成动员资源保障过程中的资源调度平台，也可以理解为应战应急资源供需双方实现资源交割的虚拟场所。它的主要功能是由集成动员的执行主体按照专业化的要求在特定领域或者行业范围调度和调控应战应急资源，实现资源的平衡调度和稳定供给，并保障应战应急资源的充分利用。

在集成动员供应总线平台上，集成动员管理层通过集成动员指挥关系迅速建立应战应急资源供需双方的对接机制，在不同的供应者之间分配供应任务配额，在不同的需求者之间分配资源保障配额。

针对应战应急资源供应主体而言，集成动员供应总线的作用是充分利用应战应急资源供应主体的供应能力，努力平衡不同供应主体之间的负担，以确保每个供应主体的供应能力都得到充分发挥，又不让各供应主体承担超出其能力的任务，以免失去应战应急资源的可靠保障。

这里需要特别指出，集成动员供应总线是一个虚拟平台，不能将其理解为应战应急资源的实体集散地。因为应战应急资源保障是一个非常紧迫的任务，所有的资源供应与配给都是分布式地进行的。例如，汶川地震后，国家不可能把全国的帐篷都集中到某个实体场所，然后再向需求地分配，但是，各个帐篷厂家的帐篷配送到哪里，肯定是经过计算和设计的。所以，表面上是不同的帐篷厂家分别向不同的需求者配送帐篷，甚至一个厂家向几个需求者配送帐篷，或者几个厂家同时向一个需求者配送帐篷。这种应战应急资源的交割是分布式展开的。但是，这种分布式的资源配送活动是由调控各专业领域或者行业的执行主体决定的，而执行主体决策的基础平台就是集成动员的供应总线，即执行主体可以对同类专业资源进行调度与调控的工作平台。比如，国家民政部最典型的救灾储备就是帐篷，每次面临帐篷调配任务时，民政部首先要盘点帐篷总库存（即各个储备点的总储备量，通常称为"总盘子"），然后提供一个帐篷调配方案，分别向各个储备点下达调令（即调度方案），此时，就各个储备点而言，只对民政部负责，只是执行民政部的调令，但实际效果是有些储备点会发现在帐篷供给时得到了其他储备点的配合，有些储备点会发现在帐篷供给时需要同时供应几个需求点。正是这种调配活动让分布式存在的各个储备点感觉到自己被组织进一个整体供应者的大体系当中。这个"大体系"就是供应总线，它不是物理实体，但其功能不可或缺。

集成动员的供应总线受集成动员管理层的调节和控制，由集成动员管理层中被集成动员管理总线集成起来的各执行主体在各自的专业领域内具体负责。之所以要由集成动员管理层负责调控，是因为应战应急资源的保障不是纯商业行为，无法完全依赖于市场机制驱动。应战应急资源保障的目的也不是商业利润最大化，而是社会效益最大化，因此可能存在市场失灵的情形，需要集成动员管理层的强有力介入，以维持应战应急资源的充分利用和优化分配。

第四节　集成动员的业务总线体系

集成动员的管理总线和集成动员的供应总线共同构成了集成动员的业务总线体系。本书认为必须充分重视集成动员的业务总线体系在国民经济动员实践活动中的重大作用。

首先，前文已经反复强调过，集成动员的核心在于"集成"，但是，所有的集成活动都必须有一个载体或者平台才能集成，否则，关于集成的思路只能停留在思路的层面上，没有办法进行实际操作，也就是说集成的理念无法变成现实。

在管理层面来讲，动员有很多重大工作需要多部门配合，为此必须建立相应的组织体制或者工作平台。比如，2008年汶川地震的灾后救援工作需要多部门配合，国务院成立了抗震救灾总指挥部，其中就集成了中央政府的诸多部门，并且指定了牵头协调单位，以及为了推进国防动员事业成立了"国家国防动员委员会"。

在运作层面上，为了统一调度各类资源，也需要建立相应的工作平台或者管理机构，比如民政部负责管理各类救灾物资，平时这些救灾物资并非存放在民政部，而是按照一个设计好的布局分布式地存放在全国各地，但都由民政部统一调度。同样，为了管理国家战略物资储备，国家专门成立了国家粮食和物资储备局，负责管理这些物资。

其次，只有建立起一种高效的组织方式，才能保证这些涉及的部门能够高效运转，充分发挥作用。而由IBM公司倡导建立的业务总线模式就是一种高效率的组织方式，也已被IBM公司、华为公司等诸多企业的成功案例所证明。

在集成动员管理层，由国民经济动员机构代表政府建立并维护的管理总线，把与国民经济动员相关的各职能部门按照总线连接的方式集成在一起，建立标准的业务接口和协同配合方式，这就解决了集成动员管理层顺畅配合、高效运转的问题。不仅解决了各个职能部门"心往一处想"的问题，更重要的是建立了各职能部门"劲往一处使"的协同配合平台。由于集成动员是一种刚刚提出的理论，无法举更多的例子来证明这一点，但可以通过一个反例来证明它的重要性。2003年"非典"灾难降临，当初北京的抗击"非典"工作由军队医疗机构和地方医疗机构各行其是，尽管两大医疗体系都在不懈努力，但是，由于缺乏把双方集成在一起的有效平台，北京市抗击"非典"的工作效果并不理想，中央政治局开会把这两大医疗体系予以整合以后，北京市抗击"非典"的工作形势马上改观。

在集成动员供应层，如果没有集成动员供应总线来进行资源的调度，而是由各个资源供应主体自行决策，那么，应战应急资源保障工作就会陷入无序状态，效果肯定不理想。同样用反例来证明这个问题。1991年的海湾战争中，美军的后勤物资调度缺乏统一的调度平台，很多物资配送到伊拉克前线以后都无人领取，以至于当美军结束海湾战争以后，居然还有大量物资滞留在伊拉克前线。也正是这场战争中应战资源保障的无序性弊端，促进了美军后勤的改革，提出了一些新的后勤管理理念，引进了RFID和物联网等技术手段来升级其后勤管理。同样的例子也发生在我国2008年汶川地震的灾后救援过程中。2008年被称为"中国志愿者元年"就是因为志愿者在汶川地震的灾后救援中第一次表现为一支不容忽视的救援力量，但是，由于当时很多志愿者都是自行前往灾区的，没有被充分地组织起来，所以，最后政府不得不呼吁志愿者不要盲目前往灾区。这个例子可以说明，没有调度志愿者这种人力资源的供应总线，对这种人力资源的使用就很不理想。

最后，集成动员业务总线体系实现了两个层面的集成。国民经济动员链包括国民经济动员管理链和国民经济动员供应链，而具体分析集成动员的这两条链时，由于它们都表现为更为复杂的网络结构，所以，本书把逻辑上的集成动员管理链称为集成动员管理层，把逻辑上的集成动员供应链称为集成动员供应层。这两个层面的集成就是由集成动员的业务总线体系完成的。

集成动员管理总线把与集成动员活动有关的职能部门集成在一起，每个以执行主体的身份被集成到集成动员管理层的职能部门，借助集成动员管理总线与其他部门协同配合，还要通过集成动员供应层的供应总线来履行资源调度和资源调控职能，以保证其职能范围内的资源能够有效调度、充分利用和高效供给。正是集成动员的两条总线共同构成的业务总线体系，把集成动员业务模式中的两个层面再集成到一起，形成了统一的集成动员业务体系。

集成动员业务总线体系的这种再集成两个层面的功能，就是接下来要阐述的集成动员指挥关系。

第五节　集成动员指挥关系

集成动员供应层本质上是一条或者多条供应链，但是，它又不同于普通的供应链，因为它不是按照商业规律和商业逻辑组建而成的，而是由集成动员管理层综合运用法律手段、经济手段和行政管理手段组建而成的。所以，对于集成动员业务模式来讲，集成动员指挥关系就显得至关重要了。

一、集成动员指挥关系的依据

建立集成动员指挥关系的依据，就是政府管理国家事务的基本职能。按照我国的行政体制，各级政府都负责管理其辖区的国家事务。政府的职能部门是各级政府管理国家事务的具体实施者，也是行政管理分工的一种直接结果。

政府管理国家事务的职能和管理国家事务的权力是由宪法和其他法律法规所确定的，它具有权威性、强制性和不可抗拒性。按照《中华人民共和国宪法》第八十五条的规定：中华人民共和国国务院，即中央人民政府，是最高国家权力机关的执行机关，是最高国家行政机关。地方政府是国家通过宪法设置在地方的地方国家权力机构和国家行政分治机构。

国务院的行政机构根据职能分为国务院办公厅、国务院组成部门、国务院特设直属机构、国务院直属机构、国务院办事机构、国务院直属事业单位、国务院组成部门管理的国家行政机构，以及国务院议事协调机构和临时机构。

地方各级政府是地方各级权力机关的执行机关，是地方各级行政机关。地方各级政府对上一级国家行政机关负责并报告工作。全国各级政府都是国务院统一领导下的国家行政机关，都服从国务院。县级以上的地方各级政府领导所属各工作部门和下级政府工作，有权改变或者撤销所属各工作部门和下级政府的不适当的决定。地方县级以上各级人民政府应当协助设立在本行政区域内不属于自己管理的国家机关、企业、事业单位进行工作，并且监督它们遵守和执行法律和政策。

这里强调的是，国民经济动员是国防动员的重要组成部分，是国防建设的重要内容,在国民经济动员领域,政府的行政管理是绝对必要的。关于行政与市场的关系,广东省曾提出了"平时准备市场化、战时实施行政化"的思路,这也是一条可供参考的思路。

二、集成动员指挥的手段

集成动员的指挥手段其实也就是国民经济动员的基本手段,它包括三大类:法律手段、经济手段和行政手段。法律手段是国民经济动员的基本保障;经济手段是国民经济动员的重要措施;行政手段是弥补市场失灵的有力手段。

1. 集成动员的法律手段

集成动员的法律手段是指国家通过立法和司法,依靠法律的强制力量来规范国民经济动员活动,保障实现国民经济动员目标。

运用法律手段调节和规范国民经济动员活动的作用在于,把国民经济动员主体行为、国民经济动员运行秩序、国家对国民经济动员的管理和控制等纳入法制轨道,增强国民经济动员行为的合法性和权威性。为了进一步提高国民经济动员相关政策的约束力,对需要在国民经济动员领域长期坚持的政策也纳入法制轨道,使重要政策转变为法律,以加大执行的力度。

当前,保护和规范国民经济动员的法律包括宪法、国防法、国防动员法等,但是,国民经济动员法的立法进程一直没有完成,所以,在国民经济动员领域还缺少直接、具体的法律规范。国家经济动员办公室曾多次组织国民经济动员法的立法工作,目前这个进程还在推进之中。

除了国家法律之外,行政法律制度也是国民经济动员活动的重要依据。国民经济动员作为国家行为,作为国防建设的重要内容,行政权力的介入是不可避免的,也是非常必要的。在全面依法治国的背景下,全面依法行政也是题中之意,国民经济动员领域亦不例外。

行政法律制度是关于行政权的法律规范,它是关于行政权的授予、行使和运作以及对这三类行为进行监督的法律规范的总称。行政法是一个庞大的体系,包括法律、行政法规、地方性法规和规章等。行政法大致由三部分组成:一是关于行政权的授予和组织行政机关的法律,即行政组织法;二是关于行政权的行使和运作的法律,统称为行政行为法;三是对行政机关的组织、行政权的行使和运作进行监督的法律,统称为行政监督法。这些法律手段都是国民经济动员领域的重要手段，也是行政机关管理国民经济动员活动的基本准则。

国民经济动员法律手段是政府在国民经济动员活动中运用其他手段的基础、前提和保障，为行政活动提供基本的规范程序；它将政府国民经济动员的行为的各个方面都纳入法制化轨道，有助于国民经济动员行为的集中统一，保障国民经济动员行为和社会经济秩序。

法律手段的特点主要体现为权威性、强制性、规范性和稳定性。法律作为一种社会行为规范，是上升为国家意志的统治阶级意志，对全体公民具有普遍的约束力，比行政手段具有更高的权威性。法律手段是凭借国家政权力量强制实施，违者必究，比行政手段的强制性更严厉。法律是以明确、不能产生任何歧义的语言严格规制人们的社会行为，是所有组织和个人行为的统一准则。法律一经制定颁布，便具有相对稳定性和严肃性，不得因人而异、随时随意更改。

2. 集成动员的经济手段

集成动员的经济手段是指政府在自觉依据和运用价值规律的基础上，借助于经济杠杆的调节作用，对国民经济动员活动进行宏观调控，调节各方利益关系，以实现国民经济动员的目标的管理方法。集成动员的经济手段在作用方式上表现为利用利益引导机制间接影响被动员者的行为，凝聚实现国民经济动员目标的力量，调动被动员对象的积极性，使被动员对象将自身利益与国家利益有机地统一起来，更好地实现国民经济动员的目标。

在国民经济动员领域，经济手段的运用主要表现为通过经济杠杆对国民经济动员活动进行调节和控制。如政府对承担国民经济动员任务的企业予以经济补贴、政策优惠等。平时的国民经济动员准备活动中，一方面，政府对建立了国民经济动员中心的企业予以财政补贴，就会进一步调动企业的积极性；另一方面，政府可以有意识地将符合国民经济动员准备要求的企业列入政府采购对象，通过政府采购行为激励企业更多地承担国民经济动员责任。

集成动员的经济手段还表现为政府对承担国民经济动员义务的被动员对象予以奖励，以激励更多的国民经济动员对象积极承担国民经济动员责任。比如动员任务中，政府拨出专款，对参与动员的单位和个人予以奖励，产生了良好的效果。

3. 集成动员的行政手段

集成动员的行政手段是国家行政机关，即政府运用经过法律授权的行政权力来直接干预和控制国民经济动员活动，其具体表现形式包括强制性的行政命令、指示、规定等。

行政手段以权威和服从为前提，行政命令接受率的高低在很大程度上取决于行政主体的权威大小。由更高级别的行政机关采取行政手段有助于提高行政手段的有效性。行政强制要求人们在行动目标上必须服从统一的意志，上级发出的命令、指示、决定等，下级必须坚决服从和执行。行政指示、命令是按行政组织系统的层级纵向直线传达，强调上下级的垂直隶属关系，横向结构之间一般无约束力。行政主体与行政对象之间的关系不是经济利益关系，而是一种无偿的行政统辖关系，两者之间不存在经济利益利害关系的纽带。

随着全面深化改革的不断推进，社会治理体制和治理手段的不断丰富和完善，集成动员的指挥手段也会不断完善和丰富，从而有利于更好地推进国民经济动员事业不断向前发展，为保障国家安全奠定更为坚实的基础。

三、集成动员的指挥结构

集成动员的指挥结构不同于以前的国民经济动员指挥结构。以前的国民经济动员指挥结构是国民经济动员机构同时指挥所有被动员的对象，而集成动员则强调专业化指挥。

应该说，国民经济动员机构直接指挥所有被动员的对象是传统动员体制的显著特征，并且，似乎也有法律依据，因为职能部门在其职能范围内，有权发布命令和规定。但是，这里还是有细微的差别，因为它忽视了国民经济动员机构的性质。

我国现行国民经济动员体制是在改革开放以后，由原来的战争动员体制机制演变而来的。在改革开放之初，所谓的国民经济动员准备，实际只有兵器工业动员准备，其他行业的国民经济动员准备并没有同步跟进。当时，主管国民经济动员的是国家计划委员会国防司；兵器工业总公司计划局设立了"地方动员处"。

1994年，国家国防动员委员会成立，这是一个协调国防动员各方面的议事协调机构。这种性质的机构，以前在国家机构序列里被称为"非常设机构"，后来考虑到它的存续实际与"非常设"这个名称相矛盾，才改称

"议事协调机构"。议事协调机构，是指为了完成某项特殊性或临时性任务而设立的跨部门的协调机构。国务院议事协调机构承担跨国务院行政机构的重要业务工作的组织协调任务，其设立、撤销或者合并由国务院机构编制管理机关提出方案，报国务院决定。其属于严格控制的机构，一般不设实体性办事机构。因此，国家国防动员委员会作为议事协调机构并没有实体性的办事机构，成立之初主要有四个办事机构，即人民防空办公室、交通战备办公室、人民武装动员办公室和国民经济动员办公室，前三个办事机构的职能由中央军委有关部门承担，而国民经济动员办公室的职能由国家计划委员会承担，具体地，由国家计划委员会国防司来承担。

在地方层面，国民经济动员机构的地位和职能也一直没有统一。由于国家不再要求各级政府完全按照中央政府的机构设置来设置本级行政机构，所以，各省级国民经济动员办公室的设置也很不一致。有些省份设置的是同级国防动员委员会的国民经济动员办公室，有些省份设置的是同级发展和改革委员会的国民经济动员办公室，还有些省份设置的是本省的国民经济动员办公室。甚至，有些省市一度取消了国民经济动员办公室的建制。2013年之后，国家发展和改革委员会，以及各级国防动员委员会也都积极致力于机构设置的改革和完善。目前，一部分省份在其发展和改革委员会内设立了经济与国防协调发展处，有很多省份依然维持原有的设置。直到今天，体制的问题一直没有得到彻底的解决。

本章小结

本章在明确了当前国民经济动员任务分解方式为逐级分解的基础上，探讨了构建集成动员业务模式的基本思路，提出了集成动员的双层柔性连接业务模式，由集成动员管理层、集成动员供应层以及两层之间的指挥关系构成。其中，集成动员管理层主要是由管理国民经济动员业务活动的各类管理机构组成；供应层是由直接完成动员任务的企事业单位及其他社会组织组成；指挥关系则依据政府管理国家事务的基本职能而提出。

在集成动员管理层中，首先，明确了集成动员涉及的四类主要主体，即决策主体、责任主体、执行主体、协调主体，并根据重要度，着重分析了执行主体和协调主体。其中，执行主体是各级政府的职能部门；协调主体是各级国民经济动员机构，代表政府全面协调国民经济动员任务。其次，提出了集成动员的管理总线，明确其具有建立执行主体间规范化的业务接口、协调部门节奏、解决业务冲突等基本职能。利用管理总线，将若干动员准备工作常态化，有利于持续提升动员能力。再次，在分析了集成产品开发组织结构存在的部门间协调难度大、双重领导和管理者权限等问题的基础上，提出了集成动员应战应急的多任务管理中心模式，即通过增设多任务管理中心，专职负责多任务的统筹和资源配置管理等，以避免多任务下资源配置不合理及相关业务沟通不畅等缺点。最后，给出了维护管理总线的三种方式，包括建立必要的规章制度和议事规则、明确各个主体的责任，以及确定信息交互方式和渠道。

在集成动员供应层中，一方面，明确了其基本组成单元，包括生产型企业、服务型企业，以及其他社会组织。另一方面，提出了集成动员供应总线的概念，即集成动员资源保障过程中的资源调度平台，是供需双方实现资源交割的虚拟场所，受管理总线的调节和控制。进而，综合集成管理总线和供应总线，提出了集成动员业务总线，即借助集成动员管理总线与其他部门协同配合，通过供应总线履行资源调度和调控职能，以保证其职能范围内的资源能够有效调度、充分利用和高效供给。

在集成动员指挥关系中，从政府管理国家事务的角度出发，阐述了集成动员指挥关系的依据，并据此分析了三种典型的指挥手段，即法律手段、经济手段和行政手段。法律手段通过法律强制规范动员活动，是国民经济动员的基本保障；经济手段是国民经济动员的重要措施，通过借助经济杠杆的调节作用，对国民经济动员进行调控；行政手段通过行政权力直接干预和控制国民经济动员活动，是弥补市场失灵的有力手段。

第四章
集成动员业务流程

第三章提出了集成动员业务模式构建的思路,全面、深入地探讨了集成动员的双层柔性连接业务模式,包括集成动员管理总线、供应总线构成的业务总线体系。管理总线上所集成的各个执行主体共同通过指挥体系来对集成动员供应层进行调控。在这种共同调控的过程中,每个执行主体具体负责一个领域或者一个行业的专门资源,如工业和信息化部门调控工业生产企业,交通部门调控运输企业等。至于各执行主体之间如何协同配合,共同推进建立集成动员供应层的集成动员供应主体链的问题,则由集成动员管理层的协调主体负责掌控。第三章从静态的角度系统阐述了集成动员的业务模式。

本章则从流程入手,阐述集成动员的动态过程,并利用建模手段对流程进行形式化描述,以提高其规范化程度,为进一步深化研究奠定基础。首先,详细分析集成动员的整体业务流程,明确其四个阶段及各阶段主要业务;继而,使用 ARIS 建模方法对业务流程进行形式化描述,并构建各阶段通用的 eEPC 模型;最后,采用案例研究,验证模型的通用性和可行性。

第一节　集成动员业务流程概述

集成动员业务流程，用来描述集成动员中的一系列活动和这些活动间的逻辑顺序及其相互间的依赖关系，有助于更全面直观地了解集成动员活动，厘清工作重点。

业务流程管理（Business Process Management，BPM）是从相关的业务流程变革领域发展起来的，这些领域包括业务流程改进（BPI）、业务流程重组（BPR）、业务流程革新等。流程管理技术也是从早期的工作流管理、企业应用集成（Enterprise Application Integration，EAI）、流程自动化、流程集成、流程建模、流程优化等技术中发展起来的。

从战略层面看，业务流程管理（BPM）就是在一个存在内部事件和外部事件的环境中，由一组相互依赖的业务流程出发，对业务进行描述、理解、表示、组织和维护。从具体实施的层面看，BPM还可分为流程分析、流程定义与重定义、资源分配、时间安排、流程管理、流程质量与效率测评、流程优化等。把业务流程管理引入国民经济动员领域，可从流程的角度对国民经济动员业务活动进行分析和优化，提高国民经济动员工作的质量和水平。

一、集成动员业务流程研究的重要性

第一，有利于推进国民经济动员学科建设。

经过多年的发展，国民经济动员工作积累了丰富的实践经验，为深化理论研究提供了丰富的素材，为深入开展集成动员的业务流程研究提供了可能性。同时，国民经济动员信息化建设以及敏捷动员、国民经济动员链等理论，也为深化国民经济动员学研究提供了契机。借助现代管理学中的业务流程管理的思想与方法，尽可能清晰准确地归纳国民经济动员的业务流程，对其进行形式化描述，有利于建立国民经济动员业务流程模型，促进国民经济动员学科建设。

第二，有利于提高国民经济动员业务水平。

尽管我国国民经济动员事业取得了长足的发展，但当前我国国民经济动员工作依旧是各地的机构基于自身对国民经济动员业务的理解，探索国

民经济动员业务的模式和业务程序，导致各地的国民经济动员工作表现出了不同的特点。有的省重点抓干部培训和队伍建设，有的省重点抓信息化建设，有的省重点抓动员中心建设，有的省重点抓国民经济动员重点项目，等等。总的来说，没有一个标准化的工作模式和工作程序。

在推动国民经济动员规范化方面，国家经济动员办公室和军队有关部门也进行了艰苦的努力，编制了国民经济动员中长期规划；国家经济动员办公室也通过召开年度工作布置会、下发年度国民经济动员工作要点的方式对各省的国民经济动员工作予以指导。但是，由于规划的保密需要，下发范围有一定限制，基层具体工作人员并不清楚；国家经济动员办公室的年度工作布置会和工作要点只能从业务指导的角度提出指导性的意见。各级动员机构，尤其是基层动员机构在开展具体工作中依然有障碍。通过集成动员业务流程分析，明确国民经济动员的重点业务，可使基层工作人员有所遵循，并积极发挥各级动员机构的作用，进一步优化国民经济动员业务流程。

第三，有利于理顺国民经济动员机制。

国民经济动员工作是联系经济建设与国防建设的桥梁和纽带，在现实工作中，这个桥梁的两端和纽带的两头，是国防建设和经济建设两大领域。国民经济动员业务流程不清所带来的不仅是工作中无所遵循，也造成了军地双方的断裂与隔绝。一方面，地方从事国民经济动员的工作人员一直为军方需求不清而困惑；另一方面，军队负责后勤和装备保障的工作人员也缺乏对地方国民经济动员机构的功能和业务的了解。军队和地方正是国民经济动员的需求方和供给方，双方的隔离，将会直接破坏整个国民经济动员链条。

在建设国防动员的"平时服务、急时应急、战时应战"机制的过程中，各级国民经济动员机构作为国家应急力量的组成部分，建立了国民经济动员机构与突发事件应急管理机构之间的联系机制，参与处置突发公共事件应急保障，积极为公共安全建设服务。为此，同样需要明确国民经济动员的业务流程，使各级应急机构了解国民经济动员机构的职能和权限，在应急机制建设的过程中依托各级国民经济动员机构。

第四，有利于规范各级国民经济动员机构的工作。

当前，我国的国民经济动员工作发展并不平衡，各级国民经济动员机构，主要是省级国民经济动员机构在国家宏观政策的指导下，根据各自对国民经济动员的任务和职责的理解探索着开展工作。这就使得国民经济动员实际工作中不可避免地出现某种意义上的"各行其是"现象，不利于国家从全局上对各级国民经济动员机构的指导、检查和督导，不利于各级国民经济动员机构的横向沟通与配合，也不利于明确各级国民经济动员机构的职责和权限。各级国民经济动员机构，尤其是基层容易出现工作不好开展的问题，关键在于没有明确的并且经过权威机构认定的业务流程。

为了提高各级国民经济动员机构的业务水平，也为了国民经济动员事业的长远发展，国家经济动员办公室高度重视国民经济动员工作的标准化和规范化建设，先后发布了预案和信息化的相关标准以及国民经济动员中心的相关管理办法。但是，国民经济动员工作业务内容非常广泛，推进国民经济动员工作标准化和规范化的任务还很繁重。目前，各级动员机构呼声比较强烈的包括国民经济动员办公室工作条例、国民经济动员潜力调查规范等。国家经济动员办公室也开展了相关研究和探讨，引入业务流程管理的思路，从整体上为合理解决标准化和规范化问题奠定基础。

在业务流程分析的基础上，有计划有步骤地推进相关业务的标准化和规范化，有利于更好地推进国民经济动员工作的标准化和规范化。尤其是，通过业务流程分析，寻找各项业务间的相互联系和相互制约，有利于找到推进标准化和规范化的更好的切入点和突破口。

第五，有利于促进国民经济动员信息化建设。

当前，我国部分省市已经建立了国民经济动员信息系统，并且，有些省市还探索性地开发了国民经济动员决策支持系统、国民经济动员仿真演练系统等。国家经济动员办公室还多次召开会议就全国的国民经济动员信息系统建设方案进行立项论证。

业务流程管理本来就是在企业信息化和电子商务的大背景下产生和发展的，业务流程有三个分流程，即信息流程、运作流程和管理流程，它们共同支持其逻辑操作。信息系统都支持这三个流程，因为它会频繁地具体化，有助于定义各流程的许多政策和程序。为了升级国民经济动员信息系统，需要在需求调查的基础上，通过业务流程的分析进行系统设计和实施。当前升级国民经济动员信息系统，需要开展的前期工作很多，其中业务流程分析是难以回避的工作。否则，国民经济动员系统的建模和仿真就无法实现，信息系统升级的任务也无法完成。当然，限于本书的研究范围，不会涉及具体的信息系统建设内容，但业务流程分析的基础性作用是不容忽视的。

二、集成动员业务流程标准化的难点

集成动员业务流程分析和业务流程标准化是一项重要工作，目前在这方面依然面临着很多难点，主要表现在以下几个方面。

第一，国民经济动员指挥体制不明确。

国民经济动员系统与具体的企业不同。企业的治理结构明确，企业业务流程相对简单，并且有企业现实的组织结构和指挥体制作为物理模型可供参考。而国民经济动员指挥体制并不明确。从理论上讲，国民经济动员的主体是国家，但国家是抽象的，必须落实到具体的指挥部门。遗憾的是，由于政府机构改革尚在进行中，目前关于国民经济动员的指挥体制还没有明确的规定。

国民经济动员指挥体制是国防动员指挥体制的一个组成部分。国家有关部门正在研究和探索国民经济动员指挥体制，目前尚未建立明确的指挥体制。这就给分析国民经济动员业务流程带来了困难，在分析国民经济动员业务流程时，无法确定这个流程应该从哪里开始，或者借助哪个组织体系来展开。

这个问题既是个新问题，也是个老问题。说它是新问题，是因为从业务流程的角度分析国民经济动员时使其再一次明确地突显出来。说它是老问题是因为问题一直存在，在编制国民经济动员预案时就已经出现过，各地的国民经济动员预案中对此也无明确的处理。在国民经济动员立法过程中，也涉及过这个问题。没有明确的国民经济动员指挥体制，实际上就缺少国民经济动员法的执法主体。

第二，准确地区分两种相关的业务流程。

通过理论研究和实际调研发现，国民经济动员工作存在两种业务流程：一种是国民经济动员机构的办公流程，其基础是国民经济动员机构各项工作的指挥体制、组织机构和权责划分；另一种是国民经济动员资源保障活动的流程，其基础是一项国民经济动员资源保障活动的指挥体制、组织机构和权责划分。这两种流程在国民经济动员链中分别对应国民经济动员的管理链和国民经济动员的供应链。后一种业务流程的范围更广，不仅涉及各级国民经济动员机构建制，还涉及在一项具体国民经济动员活动中被动员的企事业单位，以及这些单位的业务活动。而企事业单位横跨了公共管理和企业管理两个领域，面对两类不同性质的基层单位，更增添了工作难度。

第三，寻求集成动员业务流程的建模手段。

目前在企业管理领域，关于业务分析、业务流程管理、业务流程再造等已经展开了许多分析，也有许多理论和方法可用，这为分析国民经济动员业务流程提供了良好的基础和条件，也提供了相关的方法和手段。但是，在进行国民经济动员业务流程分析的过程中，必须明确业务流程分析的目的，即业务流程的建模。这里所说的业务流程建模有两个含义。

（1）建立国民经济动员业务模式，即可供各级国民经济动员机构参照执行的业务模式。在这方面，国外建立应急标准化业务模式的经验值得借鉴，比如美国洛杉矶市灾难预备局就针对应急需要建立了标准管理模式，芬兰埃斯波市消防局拟定了服务规范等。国民经济动员业务模式的建立可以利用的基础是近年编制的国民经济动员预案，但需要在深入调研的基础上，把预案中"模糊"处理的部分明确，使其具有更大的可操作性。

（2）建立国民经济动员业务仿真模型，即为升级国民经济动员信息系统开展基础性研究工作。目前可资利用的手段也有很多，包括 Petri 网、系统动力学等现代管理学所提供的方法和手段，也包括现代信息技术和仿真技术所提供的手段。

由于集成动员是一种全新的国民经济动员工作模式，此前缺少相关的研究，使得建立集成动员业务流程模型具有较大的难点。本章在构建集成动员业务流程体系时，主要是在集成动员基本理论的基础上，以现实案例和各种演练为依据进行总结提炼的。

第二节　集成动员业务流程框架

为了构建集成动员业务流程体系，需要明确集成动员业务流程的阶段划分，分层分阶段构建集成动员业务流程。

划分国民经济动员工作阶段，是国民经济动员学的基础性工作。常见的是从时间序列上的前后相继来划分国民经济动员的阶段，称为国民经济动员时序，包括准备阶段、实施阶段和复员阶段。北京理工大学国民经济动员学术团队也从各自的研究角度划分过国民经济动员活动的不同阶段。例如，胡敏博士在其学位论文中将国民经济动员联盟的寿命周期划分为四阶段，即预备期、组建期、运行期和解体期，熊康昊博士在研究社会救援资源动员活动时,将其划分为动员准备、动员任务确定、动员任务执行和动员任务完成四个阶段,恰与胡敏的四个阶段相对应。我国的突发事件应对法也将应对突发事件的活动划分为四个阶段,即预防与应急准备、监测与预警、应急处置与救援、事后恢复与重建。

由于国民经济动员活动不是社会经济系统的自发行为,而是国家为保障国家安全而主动采取的行动,所以,国民经济动员活动具有明确的目标。而实现国民经济动员目标的完整国民经济动员活动,则因各环节的任务之不同而表现出明显的阶段性。因此,基于北京理工大学国民经济动员学术团队已有的研究成果,以任务转换为导向,将集成动员业务流程划分为以下四个阶段:①动员准备阶段;②动员启动阶段;③动员保障阶段;④经济复员阶段。如图4.1所示。

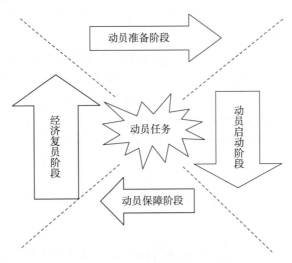

图 4.1 集成动员业务流程阶段

从任务转换的视角划分集成动员业务流程的不同阶段,充分体现了集成动员的任务导向型特点,不仅可以厘清各阶段参与动员活动的不同主体,而且能够直观地明确各个阶段的主要动员活动,有利于更好地研究集成动员的工作规律。

一、动员准备阶段

动员准备阶段是集成动员业务流程的起点。在此阶段,集成动员的组织按照前文阐述的总线型架构的业务模式进行平时准备，其目标是按照与国家安全需要相适应、与经济社会发展相协调、与突发事件应急机制相衔接的原则，努力提高国民经济体系的平战转换能力。国民经济动员机构将主要从事以下几种活动。

（1）组织相关部门针对常用的应战应急资源进行潜力调查。

在国民经济动员机构的协调下，由相关部门开展国民经济动员潜力调查，最后其将调查结果上报国民经济动员机构，而有些必要却未被涵盖的潜力数据，将由国民经济动员机构主动进行潜力调查，以免因潜力数据缺项而无法完成国民经济动员任务。当然，国民经济动员机构还要负责潜力数据的核查、潜力数据的管理，包括潜力数据的实时更新等业务。

（2）组织协调相关部门编制国民经济动员预案。

国民经济动员机构不是直接编制预案，而是组织协调相关部门编制国民经济动员预案，出于以下两点考虑。

第一，如同潜力调查一样，作为协调主体的国民经济动员机构不应该、也不可能关注高度专业化的各行业、各部门的细节。如果国民经济动员机构不掌握这些生产组织与资源调配方面的细节，那么，由国民经济动员机构来编制预案无法做到针对性。

第二，集成动员是任务导向型国民经济动员活动。传统的国民经济动员是行业导向型国民经济动员。两者的最大区别就在于集成度的不同。任务导向型国民经济动员活动以应战应急资源所需要的具体资源为目标，组建最终完成特定资源保障的国民经济动员团队，它肯定涉及国民经济的不同行业，但不以行业为动员对象。而行业导向型国民经济动员活动则以国民经济各行业为动员对象，按需要将某个行业或者某些行业由平时状态转入战时状态。任务导向型国民经济动员活动刚一开始就安排好资源保障的各个环节，构筑一个完成资源保障的动员链，明确动员链各环节的执行主体，此时，国民经济动员机构只关心分配给各环节执行主体的任务是否与其能力匹配，而不关心其属于哪个行业，更不关心各环节执行主体的业务细节。

（3）组织协调相关部门进行国民经济动员潜力建设。

国民经济动员潜力本身就是一种能力，即完成任务的最大可能。国民经济动员潜力建设，就是采取必要措施增强国民经济动员潜力，也就是想方设法增加某种资源在被动员时的供给能力。国民经济动员潜力建设的途径和方式，因各种不同资源的性质不同而不同，对于生产周期短、生产条件要求不苛刻的资源，可以采取储备产能的办法，在必要时进行扩大生产，或者由同类企业、相近企业转产来提供，如生活保障物资。对于生产周期长、生产条件要求苛刻，或者生产技术水平要求高的资源，必须事先进行某种规模的储备，以保障实施国民经济动员初期的需要。对于那些无法储备的资源，比如电力，则只能通过调整资源配额的办法予以保障，那么，其潜力建设的途径就是制定必要时调整资源配额的方案，或者建设调整资源配额所必需的设备与设施。

（4）维护集成动员业务模式。

集成动员业务模式最重要的基础就是业务总线。这是一个共同的工作平台，各相关部门按照动员活动的需要适时地接入，或者适时地退出。支持这种平台的基础是集成动员的组织架构，维持这种平台的关键则是信息交换与信息沟通。如何维持信息交换与信息沟通渠道则是动员准备阶段的一个重要内容。在现代社会条件和社会治理结构下，最重要的手段就是制度，包括法律制度、行政规章，也包括各种经权威认定的约定，以及各种虽未经权威认定但各方达成一致的约定等。

通常认为国民经济动员准备包含预警业务。但是，本书认为国民经济动员的职能不是应对战争或者处置突发事件，只是为应战应急活动提供资源保障，不应把本属应战应急活动的预警业务纳入国民经济动员准备范畴。因为，战争自有战争的规律性，突发事件也有自己的演变逻辑，作为资源保障者的国民经济动员更应该关注国民经济体系的运行规律，以及国民经济体系被动员时的反应机理，以便更有针对性地做好国民经济动员工作。

二、动员启动阶段

接到动员命令，国民经济动员业务流程就进入了动员启动阶段，主要业务内容是确定动员方案及组建团队。

按照国民经济动员理论的通常阐述，国民经济动员是从国家下达动员令开始的。之所以没有涉及动员令，而是代之以"动员命令"，这是根据我国国民经济动员工作的实际情况而做出的调整。

按照我国宪法、国防法和国防动员法等一系列法律的规定，只有全国人民代表大会或其常务委员会才有权决定国家的和平与战争状态，决定全国总动员或者局部动员，只有国家主席才有权根据全国人大的决定，发布动员令。《中华人民共和国国防动员法》第九条第二款规定"国家的主权、统一、领土完整和安全遭受直接威胁必须立即采取应对措施时,国务院、中央军事委员会可以根据应急处置的需要,采取本法规定的必要的国防动员措施",但又规定"同时向全国人民代表大会常务委员会报告"。

而国民经济动员是各级人民政府的职能,我国的国民经济动员理念是长期准备,这样,国民经济动员机制一直都存在,已经成为政府职能的一个组成部分。并且,国家国防动员委员会也一直倡导建设"战时应战,急时应急,平时服务"的国防动员体制机制。这种国民经济动员机制也是政府的一种制度资源,所以,政府在应对某些事态时,完全可能在国家不实施动员的情况下,指挥国民经济动员机构完成有关任务。比如,有些地方将动员任务交由国民经济动员办公室,由其配合有关部门,提供相应的动员保障。这就是省级政府在自己职权范围内,指挥省级国民经济动员机构去完成国民经济动员任务。而有些地方则不动用国民经济动员机构,而是从另外的渠道解决了资源保障问题。这都是实际调研中存在的情形,这也说明了在国家发布动员令之外,完全有另外的方式可以启动国民经济动员机制。因此,本书将用"接到动员命令"代替传统国民经济动员理论中的"国家发布动员令"这种表述。当然,在国家没有发布动员令的情况下,《中华人民共和国国防动员法》所规定的各种强制措施均不适用。

在国民经济动员启动阶段,国民经济动员机构的主要活动包括:承接动员任务,确定动员方案,也就是如何分解并落实动员任务,确定参与的层级及需要参与的相关部门,确定动员手段以及敏捷性评价,等等。

(一) 承接国民经济动员任务

接到动员命令以后,国民经济动员机构需要马上就完成此任务的能力进行评估,根据平时国民经济动员准备情况,判断本辖区是否具备完成动员任务的能力。

如果本辖区不具备完成国民经济动员任务的能力,则需要向上级反馈情况,与上级进行协商,只承担与本辖区能力相匹配的动员任务,否则,就会影响国民经济动员大局。

一般而言,这种情况很少会发生,因为上级在下达动员任务时,不会仅仅从需要出发,也会评估完成接受命令者完成任务的可能性,如果单独由某个下级单位来完成有困难时,就会同时向多个下级单位下达任务。当然，如果事先准备不充分，下达任务后也可能出现单个单位无法完成的情况。如果国民经济动员机构经过评估（包括定量评估，也包括依靠经验而进行的定性评估），能够完成任务，则要上报动员决心，正式承接该项动员任务。

总之，最后的结果都是承接与辖区国民经济动员能力相匹配的国民经济动员任务。而具体的国民经济动员任务则是关于某种资源保障的具体要求，如×××年×月×日××时前将××吨油料在××处交付××单位，或者组建×支具备××人次/日外伤、烧伤救治能力的医疗队于××××年×月×日××时前在××处向××单位报到。

（二）分解和落实国民经济动员任务

国民经济动员机构接受国民经济动员任务以后，需要对国民经济动员任务进行纵向分解和横向分解，以便确定参与层级、参与部门，并进行合理分工，协同落实国民经济动员任务。

1. 纵向分解

承接国民经济动员任务以后，国民经济动员机构需要落实国民经济动员任务。落实国民经济动员任务的第一步是对任务内容进行详细分解。任务分解的第一步是确定完成任务的层级，即纵向分解。

纵向分解原则是尽可能落实到最低层级，只有这样才便于具体落实到供应主体。但是，此时需要受两个方面的制约。

第一，国民经济动员潜力的制约。如果下一行政层级的某个区域能够单独完成，则逐层下达到该层级；如果下一行政层级的任何一个区域都无法单独完成，则要提升层级，由其上的层级指挥多个下一层级完成动员任务。举例来说，如果北京市房山区城关镇能够完成该项动员任务，则可将任务逐步下达，直接落实给城关镇。如果城关镇单独无法完成该动员任务，但房山区的城关镇联合其他乡镇能够完成，则逐级将任务下达给房山区政府，由房山区政府指挥其下辖的多个乡镇（例如：城关镇＋良乡镇＋韩村河乡）完成该动员任务。如果房山区单独无法完成该项动员任务，则由北京市政府指挥其下辖的多个区县（例如：房山区＋丰台区＋石景山区）共同完成该项动员任务。

第二，行政管理权限的制约。在我国政府体制中，各级政府的管理权限不同，有时需要动员的对象管理权限较高，或者动员规模较大，就只能由较高层级的政府来指挥，只有这样才能完成动员任务。比如，如果动员对象涉及市属企业，则区县级政府可能没有管辖权限，只能由市级国民经济动员机构代表市政府直接指挥。再比如，各级政府对某些资源的调度权限不同，如果投资规模较大，可能超出了区县级政府的管理权限，这时也只能由市级国民经济动员机构来指挥。

2. 横向分解

落实国民经济动员任务的第二步是确定各层级需要参与的相关部门，即横向分解。横向分解的原则是尽量涵盖完成国民经济动员任务涉及的所有部门，包括直接相关部门，也包括配套和保障部门。比如，为了完成通用装备动员任务，需要工信部门参与，以便指挥、调动、协调有关企业参与供应和保障，还需要有财政部门参与，以便拨付资金，或者对供应保障活动进行财务监督。对于某些特殊的物资，可能还需要加入更多的部门。

此外，考虑到我国的政府体制，各级政府的职能部门只向本级政府负责，上级政府对下级政府具有直接指挥权限，而上级政府的职能部门对下级政府的职能部门只是业务指导关系，所以，通常应该有政府综合部门参与国民经济动员活动，最典型的就是各级政府的办公厅。

3. 组建集成动员组织体系

当确定了横向任务分解方案以后，国民经济动员机构就通过业务总线将这些部门联系起来，组成一个完整的组织体系。并且，按照敏捷性的要求，在完成职能以后，相关部门退出业务总线，以减少组织体系的复杂性，提高业务总线的工作效率。

如果国民经济动员任务只涉及单一资源保障，比如2008年为应急南方雨雪冰冻灾害，向受灾省份调运煤炭，则完成任务的过程可能会相对简单。对于接受动员任务的省份，比如内蒙古自治区，只要组织煤炭的采掘、运输就可以了。

但是，如果涉及多种资源，则可能会出现任务冲突，即某个部门同时面临多项任务，此时，则需要发挥多任务管理中心的职能，需要从全局的角度进行协调，安排任务的优先级，或者安排完成任务的次序，或者需要补充更多的参与者，或者需要投入更多的力量等。比如，海上应急资源保障任务就会涉及主副食、饮用水、燃气、给养器材、体能服、迷彩服、雨衣、柴油、机油、淡水、淡水冰块、药品、蔬菜水果等多种资源，其中淡水和淡水冰块均需市政供水部门提供，柴油和机油均需要石油公司提供，蔬菜和食品均需要商业部门提供。此时，只能由协调主体——国民经济动员机构担任多任务管理中心的角色，一方面与需求方协调，安排供应和保障的优先级，另一方面与参与供应的各方协调，努力提高供应和保障效率。

4. 搭建国民经济动员链

国民经济动员的根本任务是为应战应急活动提供资源保障。所有国民经济动员活动的最后结构都是按照任务要求，保质保量地按时供应资源。当然，此处的资源是广义的，包括但不限于物资，也包括各种服务。比如，为汶川地震救援启动动员机制保障的资源既包括食品、药品，工程机械，也包括救援队伍、医疗服务队伍，甚至治安队伍等。当国民经济动员机构完成以上工作以后，面向特定资源（包括物资、服务等）的动员链就已经搭建起来了。

以2008年内蒙古自治区为抗击南方雨雪冰冻灾害承担煤炭保障为例。从宏观上看，是电力公司为煤矿提供了用电保障，以使井工矿能够顺利生产；经济和信息化厅组织煤矿进行了煤炭采掘；交通厅组织了煤炭的运输；公安交警不仅保障交通运输秩序，而且参与动员了部分运力，因为有部分运输车辆是交警依据道路交通法，在京藏高速公路拦截过往车辆征用的。将运输车辆原来的货物卸下来，改为装载煤炭，并运往秦皇岛港。这样，可以视为同电力公司、经济和信息化厅、交通厅、交管局共同组成了一个前后相继的链条，完成了煤炭动员任务，它们组成了国民经济动员链中的管理链。

也就是说，参与动员任务的执行主体需要完成以下几项业务：第一，在自己的专业化领域或者职权范围内，选择合适的下级伙伴，即供应商或者核心的动员企业等参与动员任务；第二，制定动员任务的详细评价指标，并对下级伙伴进行评价；第三，实施监督控制，动态调整参与动员任务的动员企业等。

而核心的具体执行单位，即国民经济动员各供应主体在此阶段的任务就是：依据分配到的具体的动员任务，组建他们各自的动员团队。此时的动员团队可以是核心企业自身拥有的供应链合作伙伴，也可以是根据自身的情况和动员任务的具体要求重新选择合适的团队伙伴，这个动员团队也就是国民经济动员链中的供应链。也就是说，在动员任务确定及动员团队组建阶段，将动员任务进行分解的同时，也将动员对象按照层级组建团队，各层级的动员团队仅对上一层级负责，更高级的团队则起着监督指导的作用。这样不仅可以有效避免多头领导的劣势，而且每一层级的动员团队都是由熟悉本团队业务的人员组成，可以较为有效地保障动员效率。

三、动员保障阶段

通过动员启动阶段复杂而细致的工作，完成特定国民经济动员任务的国民经济动员团队已经组建起来，国民经济动员活动进入实质性的资源保障阶段，开始按照任务要求，源源不断地为应战应急提供指定的资源。

此时，业务总线上的各个成员已经开始按照设定的规则正常运转，协调主体的工作就是要监督和保障国民经济动员团队的正常运行。首先，应协调控制各子任务，按需调配各种资源，把握各项任务间相互配合的节奏，避免出现任务冲突，或者解决事先未曾预见到的冲突；其次，对核心执行主体进行监督，包括监督其所在团队的进度、质量、效率等；最后，调整子任务，当动员状态发生变化时，需要及时变更动员任务，增加或减少任务团队，并重新组建任务团队架构。

同时，核心执行主体的职能为：一方面，协调团队中的其他执行主体，提高团队工作的效率；另一方面，密切监督下属供应主体的动员任务完成情况，包括进度、质量及可能存在的问题。而下属各供应主体则是各任务的具体实施者，其处置阶段主要有完成以下活动：第一，为了按期完成动员任务，团队领导者需要对团队内成员采取各种协调与控制手段，如质量管理、信任管理和风险管理等；第二，运作管理，以国民经济动员链的方式构建动员任务运作流程，敏捷高效地执行动员任务等。

四、经济复员阶段

当特定的动员任务接近完成时，针对此项任务的国民经济动员活动就进入了经济复员阶段。根据子任务的不同，团队解散的时机和标志也会不同。因此，首先，要判断当前动员态势，识别各子动员任务结束标志。然后，按照一定解体规则进入动员组织解体程序。例如生产需求满足后，动员生产子团队就可以解散，而只有当配送等完成后配送团队才会解散，当所有子任务结束后，整体动员任务完成，团队解散。同时，还需要进行本次动员活动的绩效评价、契约终止等活动和相关动员成本补偿等，直至动员组织分层解体完毕，恢复到动员准备阶段的工作模式，即只需动员机构负责日常联络状态，维持总线架构。

完整的集成动员各阶段的主要业务活动如图4.2所示。

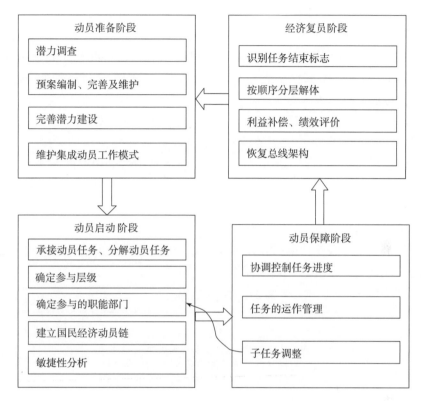

图 4.2　集成动员各阶段主要业务活动

第三节　基于 ARIS 的业务流程体系构建

ARIS 建模方法是一整套基于过程的通用信息模型（Common Information Model，CIM）体系结构方法，是业务流程建模常用的建模方法。经过多年的发展，ARIS 建模体系已较为完善，具有完善的方法论可以指导用户的建模，并且具有成熟的商业化软件的支持。ARIS 建模的成熟程度和有效性多年来也经过了实践的检验。

一、ARIS 简介

ARIS 建模体系主要包括五个视图，即组织视图、功能视图、数据视图、过程视图（控制视图）、产品/服务视图。其中，过程视图是整个 ARIS 中集成思想的体现，将其他四个视图的信息进行整合。而用来描述流程的工具就是著名的扩展事件驱动过程链模型（extended Event – driven Process Chain，eEPC）——通过事件触发功能、功能再生成事件的方法来描述实际的运行过程。

在过程视图建模中，主要运用两种建模工具——VACD 和 eEPC。其中 eEPC 是 ARIS 体系中最核心的建模工具，是描述业务流程的关键。eEPC 是德国萨尔大学（Saarland University）1992 年在 SAP 公司资助下开发出来的，主要包括一系列不同的图元，主要要素及其在本书模型中的含义如表 4.1 所示。由于 ARIS 体系中 eEPC 主要是对"事件—功能"进行建模，没有体现出信息在功能模块中的横向传递，而集成动员业务流程中存在着大量的反馈关系，因此，本书在建模时在目前的 ARIS 体系基础上增加了简单的"功能关系"要素，以增强信息交互功能。

表 4.1　eEPC 建模图元

核心元素	含义	模型图元
事件	描述与集成动员业务相关的对象的某种状态的改变，即由事件驱动流程进行某项功能，功能执行后使得对象变成另一种状态，如"产品订单到达动员企业手中"等	Event
功能	表示业务流程中的某个行为或者完成特定任务的活动，由功能视图中的功能模块引用而来，如"审核订单""输入订货数量"等	Function
逻辑连接符	说明事件和功能或流程之间的逻辑关系，主要有"与""或""异或"三种逻辑关系	∧ ∨ ⊗
文件	流程需要使用和产生的文件或表单，是书面资料，而非数据对象，所以体现在数据视图中，只能在 eEPC 中通过这个符号表示	Document
组织单元	由组织视图得来，描述集成动员中各项业务的参与者	Group
功能关系	说明集成动员业务流程中功能的先后关系	→
	说明业务流程中功能的协调反馈关系	←

续表

核心元素	含义	模型图元
数据群	流程过程中所需要输入和输出的数据或信息	Cluster
目标	组织的未来目的，在关键要素和业务过程支持下实现	Objective
流程界面	由于集成动员涉及面很广，很难用一个 EPC 图将整个流程描述出来，因此，需要将流程分解为多个小流程。流程界面表示的就是小流程进入点以及流程间的连结点	Process interface

当然，使用 eEPC 建模时，需要遵循 ARIS 方法论，符合一些规则。常见的 eEPC 中事件与功能之间的可能的逻辑关系如图 4.3、图 4.4 所示。

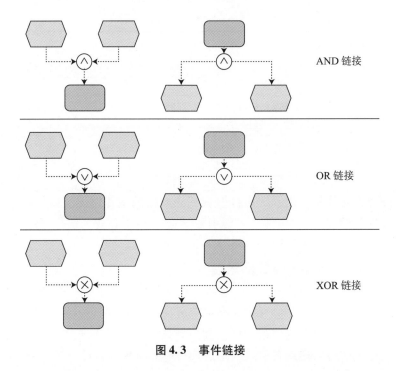

图 4.3 事件链接

无论哪种操作，其逻辑关系都是确定的，其含义如表 4.2 所示。

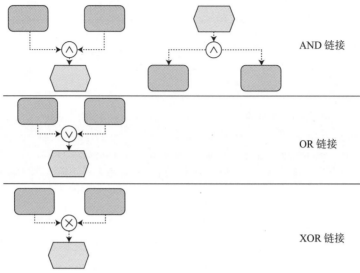

图 4.4　功能链接

表 4.2　操作符含义

操作符	含义
AND ∧	与操作，所有的事件（功能）都要同时满足条件才能触发下一步的功能（事件）
OR ∨	或操作，所有的事件（功能）至少满足一个，才能触发下一步的功能（事件）
XOR ⊗	异或操作，所有的事件（功能）有且只有一个被满足，才能触发下一步的功能（事件）

需要说明的是，由于"事件"只代表状态的变化，无法做出决策，因此，在功能链接中，"事件"不能引发"或"和"异或"操作。

二、基于 ARIS 的目标建模

厘清及确定目标是研究集成动员业务流程的首要任务，只有明确目标才能对业务流程体系构建起到规范和引导作用。本书将通过目标树由上至下、层层分解各阶段内各层级的集成动员业务流程的目标。

为了与集成动员业务流程阶段相呼应，将目标分为最终目标和阶段目标。首先，一级目标也就是最终目标，即完成动员任务。而后，在此之下的二级目标则是各阶段的最终目标，即在动员准备阶段实现高水平的动员准备工作、在动员启动阶段敏捷响应、在动员保障阶段敏捷执行，以及在经济复员阶段高效地处置善后事宜等。进而，为了完成阶段的最终目标，则需要细化三级目标予以支撑。为达到高水平的动员准备工作，需要实现动员准备工作常态化、维持总线架构等三级目标；为实现敏捷地响应，则需要达到快速响应、科学组建动员团队等三级目标；为实现敏捷处置、复员而需要实现严格监督、运作控制、高度的适应性、有序解体、科学处理善后事宜等三级目标。最后，三级目标之下，更有一些细化的四级目标，如完善预案体系、提高国民经济动员体系内的信息化水平、合理分解动员任务、明确涉及的相关部门、确定动员团队及多任务管理中心、分级监督、合理协调、准确决策、高度适应的流程、集成的动员组织架构、合理的补偿机制、客观的动员评价、科学的团队解体恢复，等等。整个集成动员目标建模如图 4.5 所示。

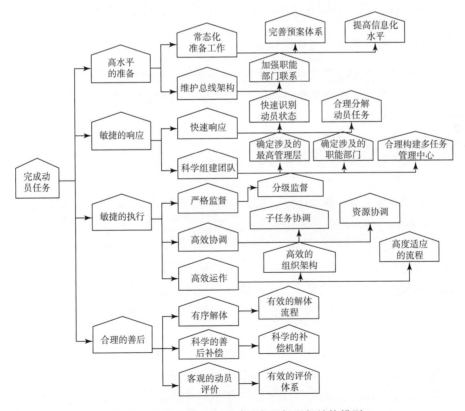

图 4.5　集成动员业务活动阶段目标层级结构模型

三、基于 ARIS 的功能树建模

确定目标后,需要明确以何种方式来达成目标。ARIS 体系中功能视图的作用就是支持目标的实现。功能树则是功能视图的核心建模工具,可将功能分为功能树、功能、子功能和基础功能四个层次,类似树状结构。同时,功能的分析有两种方式,分别为面向对象和面向过程。所谓面向对象是指按照集成动员涉及的对象进行功能建模;面向过程则是按照阶段的顺序进行功能分析,如果一个阶段内出现的功能需要两个以上对象来完成,则会出现跨对象现象。

明确集成动员涉及主体的功能,有助于各个主体更清晰、直观地明确自己的任务,减少权责争论及相互扯皮的不良现象。本节采用面向对象的方式进行功能树建模,以明晰各个主体的职能职责。由于责任主体是授权于协调主体,其本身不直接参与动员,因此,不考虑责任主体。

(一)协调主体的功能树模型

协调主体主要业务贯穿集成动员全过程。首先,在准备阶段,完成集成动员的前期准备工作,主要包括以下四个部分:潜力数据调查、动员预案的管理、维护集成动员的总体工作模式,以及潜力建设管理。其次,在动员启动阶段,需要进行决策、联络等。再次,在保障阶段,维持协调职能。最后,在经济复员阶段,进行善后补偿及动员评价功能。协调主体的功能树模型如图 4.6 所示。其中,决策又包括信息分析、任务分解,以及制定动员方案并下发动员方案等基本功能;联络包括联络所有相关执行主体、联络子任务核心执行主体(子任务小组负责人)等。对于协调而言,需要监控动员需求以实时调整动员强度,防止过度动员或动员不足;协调各任务进度,确保子任务完成顺序和总任务完成时间;监控调整资源使用,在某些任务处置发生资源使用不足的情况下,合理调整资源使用情况,确保任务完成。

(二)执行主体的功能树模型

执行主体主要是行业主管部门。执行主体在准备阶段,对行业内的潜力进行调查,包括划定调查范围、汇总潜力信息,以及上报潜力信息至国民经济动员机构。在动员启动阶段,各执行主体需要明确下属供应主体的选择标准,并据此选择出下属单位。保障阶段中,开启协调监督职能。一

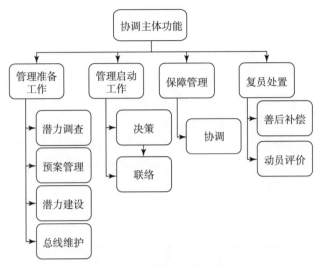

图 4.6 协调主体的功能树模型

方面，核心执行主体需要协调平级的其他执行主体，并定期向国民经济动员机构汇报工作；另一方面，对参与子任务的供应主体进行监督，并控制子任务进展。最后，在经济复员阶段，核心执行主体组织其他执行主体和供应主体有序解散，对下属供应主体进行评价以及完成对本次任务的评价。执行主体的功能树模型如图 4.7 所示。

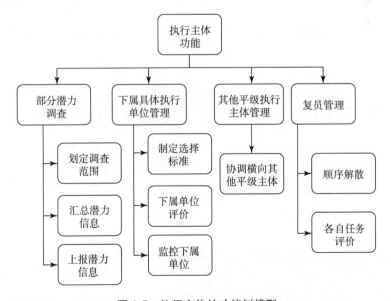

图 4.7 执行主体的功能树模型

(三) 供应主体的功能树模型

供应主体有两种不同的情况：一种是在平时已经列入动员对象的供应主体，如动员中心和重点动员单位，其准备阶段的主要业务是进行动员准备，如完善组织结构、编制动员预案、储备动员生产技术、储备必要的原材料或辅助工装，提高平战转换能力；另一种是平时没有列入动员对象的供应主体，则准备阶段无业务。通常，国民经济动员最先动员的都是平时列入动员对象的供应主体，只有列入动员对象的供应主体不足以完成供应任务时，才会扩大动员对象。实际上，平时列入动员对象的供应主体是否足以完成动员任务，本身就反映了国民经济动员准备的水平，但也不排除事发突然，或者规模超常这种情况。在动员启动阶段，根据分配的动员任务，核心供应主体制定选择标准并组建动员供应链。保障阶段中，进行运作管理，对整个动员任务实施阶段进行全程监控，主要包括生产管理、质量管理以及物流管理。最后，在经济复员阶段，核心供应主体组织其他供应主体有序解散，并对动员供应链团队做出评价。供应主体的功能树模型如图 4.8 所示。

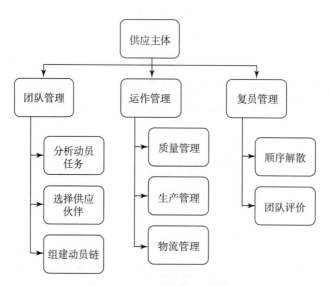

图 4.8 供应主体的功能树模型

其中运作管理中的三项功能又可以分成更多的基础功能。例如，生产管理又需要完成订单管理、原材料采购、生产计划安排、进度管理，以及突发状况协调等子功能；物流管理则需要完成仓储管理及配送管理，其下又有原材料、半成品等的出入库管理，产成品的出入库管理，运输工具管理，成品运输管理等。细节功能树模型如图 4.9 所示。

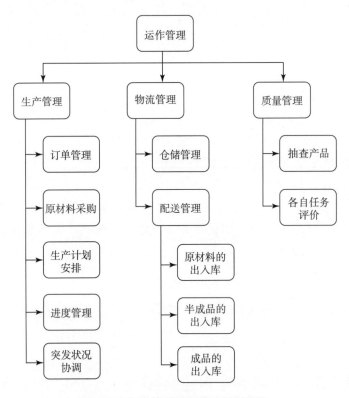

图 4.9　运作管理的细节功能树模型

（四）集成动员的功能树总模型

集成动员的整个功能树模型，共有三大对象，11 个职能，若干基本职能，如图 4.10 所示。

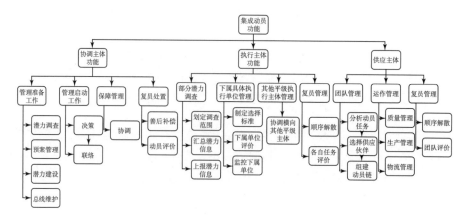

图 4.10　集成动员的功能树总模型

四、基于 ARIS 的业务流程建模

依据集成动员完整的业务活动，围绕集成动员涉及对象的功能树模型，通过利用和改进 eEPC 的建模方法，建立集成动员业务流程模型，这也是整个集成动员业务流程的核心。

（一）动员准备阶段的业务流程构建

动员准备流程是集成动员的初始流程，此时就是国民经济动员机构进行常态的前期工作，包括：潜力调查、预案管理、潜力建设、总线管理四项内容。

其中，潜力调查与预案管理与目前的管理方式有相当大的区别，前面章节已阐述，在此不再赘述。总线管理是前期工作的重要环节。根据各种预案，国民经济动员机构必须明确可能涉及的政府职能部门；进而确定信息沟通的渠道，建立相应的信息交换、转换接口，这个是落实总线管理的前提。每个部门由于信息化建设的时期、技术基础条件，以及承建者的不同，可能使用的信息网络的接口，乃至数据库结构、数据字典都各不相同。因此，为真正实现总线管理模式，国民经济动员机构必须在日常确定与各部门的信息交换、转换接口，这样才能在动员任务处置时，第一时间连通各执行主体的信息系统。此外，信息接口确定后，可定期进行联络预演，进一步确保总线管理的有效性。

整个动员准备工作阶段业务流程的 eEPC 模型如图 4.11 所示。

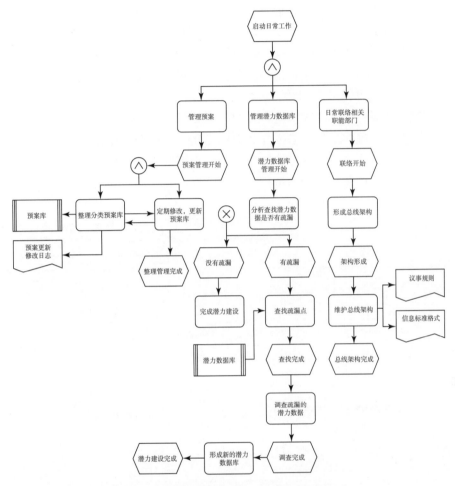

图 4.11　动员准备阶段业务流程的 eEPC 模型

（二）动员启动阶段的业务流程构建

当接到上级下达的动员命令后，集成动员就进入了动员启动阶段，该流程包含两个子流程，即动员任务行动方案确定流程和动员团队组建流程。

1. 动员任务行动方案确定流程

接收动员命令后，按照集成动员的理念，依据动员任务涉及的职能部门范围对动员任务进行分类。一般可以将动员任务分为三类：①全部门任务，即任务涉及全部的职能部门，需要各个职能部门的配合；②多部门任务，即任务涉及多个部门，但不需要全部职能部门进行参与；③单一部门任务，即任务仅涉及一个职能部门，不需要进行跨部门协作。多数情况下，尤其是重大突发事件等跨域危机事件，动员任务一般都是多部门任务，乃至全部门任务，单一部门任务极少。集成动员的本质就是探讨如何深入、高效地进行多部门协作，因此，本书探讨的重点就是多部门任务，并依据任务属性、属于部门进行详细的动员任务分解。

动员任务确定之后，进入任务分解流程。按照前面所说的，通过横向和纵向两种方式进行动员任务分层分解，直至明确动员任务参与的最低政府层级，并形成每层级的动员行动方案。以最高层为省级政府为例，整个eEPC模型如图4.12所示。

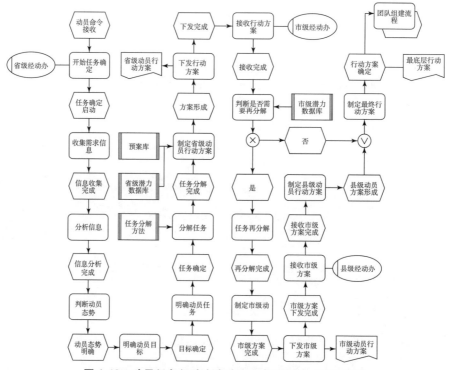

图4.12 动员任务行动方案确定业务流程的eEPC模型

2. 动员团队组建业务流程

动员行动方案确定后，就进入动员团队组建流程。根据最底层的具体行动方案，组建最底层的执行主体团队以及具体的动员供应链团队。

下面的阐述中假定最底层政府为县级政府。每个县级国民经济动员机构根据行动方案，经过分析，迅速确定本次任务中涉及的执行主体，形成一条动员链中的管理链。若该政府有两个以上的动员任务，则需要选择出各任务的核心执行主体，在国民经济动员办公室发挥协调主体作用的条件下，具体负责组建和管理各个管理链，并接受动员机构的监督和控制。如有资源冲突，则由国民经济动员办公室履行多任务管理中心的职能予以协调。

而执行主体则在各自的权责范围内，制定选择方案，选择适合的供应主体参与具体动员任务。首先，核心执行主体需要负责挑选出核心的供应主体，相当于动员联盟的盟主。接着，核心供应主体要给出任务的详细描述，如表4.3所示，包括估算的任务成本、完成时间、产品的合格标准，以及可能出现的问题等，便于执行主体明晰本次任务，更好地监督和管理供应主体。

表 4.3 任务描述表格

任务内容	内容描述
任务序列号	用于确定子任务的序列
任务负责人	明确负责人姓名、联系方式等
任务目标	明确任务目标
任务的估算成本	由负责人进行成本测定并提交评估报告
任务的完成时间	由生产能力估计任务的大体完成时间
产品的合格标准	明确合格标准，用于测算产品合格率
可能存在的问题	明确可能出现的问题，提高预防并进行协调

继而，核心供应主体依据自身的供应链情况判断单位已有的供应链是否能够完成本次动员任务。如果可以完成任务，则与执行主体联络，由各执行主体选择适合的动员手段，与供应链上的其他供应主体签订动员协议，完成团队组建流程；若已有供应链不能完成此次动员任务，则核心执行主体需要对此进行分析，确认缺失的供应主体。例如，已有的原材料企业供应能力不足、运输企业运输能力不够等，则执行主体团队中负责原材料采购、运输的执行主体需要从各自的数据库中挑选出合适的具体动员单位，加入动员链，并对此动员链进行再次判断，直至可以完成动员任务为止。这种每层均由最熟悉业务的人选择相应的合作伙伴，将比完全由动员机构挑选，更为合适，也更加有效。

最后，为进一步提高动员任务的效率，动员机构将采取各种动员手段如行政指令、征用征收、建立合作关系等对动员对象进行监督和合理控制。整个运作动员链组建环节的 eEPC 模型如图 4.13 所示。

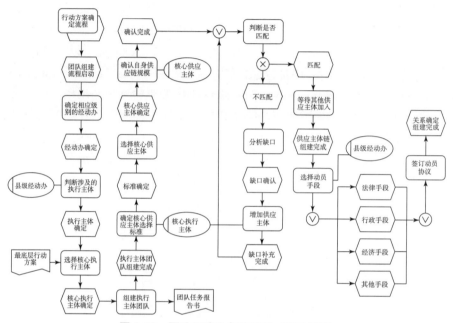

图 4.13　团队组建业务流程的 eEPC 模型

（三）动员保障阶段的业务流程构建

集成动员团队构建完成后，就进入动员保障阶段，此阶段主要包括协调控制和动员链运作管理两个子流程。

1. 协调控制流程

协调控制是集成动员的枢纽环节。整个集成动员中有两层协调控制。第一层由协调主体负责，主要任务就是根据需求变化，调整和控制动员任务进度、任务数量、动员强度，以及适时调整执行主体的结构和数量，等等。第二层由执行主体负责，主要任务有：其一，核心执行主体负责协调自己的执行主体团队，并按期向协调主体汇报；其二，执行主体团队成员负责监督各自下属的供应主体，随着任务的完成进度，适合增加或减少供应主体。

动员保障开始后，协调主体要实时监测动员需求，及时分析并调整动员任务，并通过任务对比分析，再次进行任务分解。若有多任务，则需要发挥多任务管理中心职能，监督各个任务完成进度，通过资源请求优先级等协调资源使用情况，防止冲突等，以保证任务完成的步调基本一致。此外，通过任务的增删、动员强度的调节，保证处置流程的高效精确。执行主体基础处理流程一致，详细流程如图4.14所示。

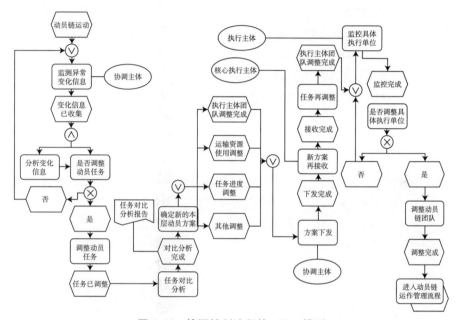

图4.14　协调控制流程的eEPC模型

2. 动员供应链运作管理流程

动员供应链运作管理由供应主体负责。根据不同类型的动员任务，动员供应链运作管理有不同的流程。以全过程动员任务为例，此时动员供应链运作管理包括了动员筹集和动员物流等三级流程。而动员筹集又有动员生产、动员调用等方式，又可分为动员生产流程、动员调用流程等四级流程；动员物流又包括仓储、运输和分发资源等环节，因此，又可分为仓储、运输和分发等四级流程。

动员筹集和动员物流会依据动员任务的不同，有针对性地选择最适合的动员方式，因此，难以构建出具有广泛适用性的eEPC模型。

（四）经济复员阶段的业务流程构建

当动员任务临近尾声时，集成动员业务流程就将进入最终阶段，即经济复员阶段。该阶段包含国民经济动员团队按规则有序解体和处理相关善后事宜两个子流程，每个子流程又包含若干细流程。

在动员任务保障过程中，随着应战应急处置活动的逐步完成，当动员需求稳步下降到一定程度时，国民经济动员机构则要有意识关注动员任务状态、及时识别动员任务结束标志，以防过度动员，造成资源浪费；而后，由下达动员命令的上级机构确定动员任务完成，进而发出动员团队解体指令后，则进入团队解体子流程。与动员团队组建正好相反，团队解体将由低向高顺次解散，也就是首先由执行主体通过各自的管理方式解散动员供应链上的各供应主体构成的团队，如终止合同、取消行政指令等手段；而后由核心执行主体主持解散各执行主体团队；最后，协调主体解除各核心执行主体的动员责任。同时，国民经济动员机构联合相关的部门，如财政部门、审计部门等进行资产清算和对动员单位的利益补偿等工作。此外，国民经济动员机构还要负责本次动员的绩效评价，整理成文，存档以备后用。全部动员工作完成后，恢复到集成动员准备阶段流程，开始进入动员流程的下一次循环。经济复员阶段业务流程的 eEPC 模型如图 4.15 所示。

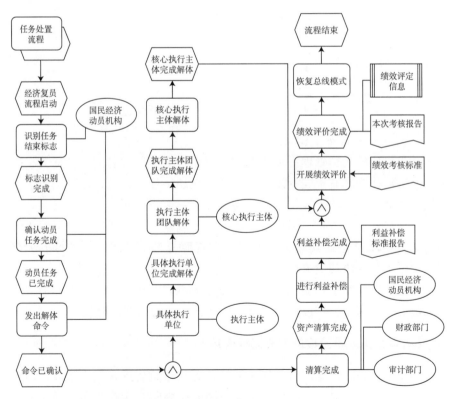

图 4.15　经济复员阶段业务流程的 eEPC 模型

第四节 集成动员业务流程案例分析

围绕"拱卫首都,京津冀经济动员协同保障"的假定背景,通过上一节构建的集成动员业务流程体系,系统分析本次行动中集成动员的准备、运行和解体阶段的主要业务流程,以验证 ARIS 构建的业务流程体系的合理性和广泛适用性。

一、案例背景

案例背景设定为国际形势发生剧变,某国对我国首都地区进行有限规模军事侵犯。为此,国家经动办要求北京市、天津市、河北省经动办充分发挥区域资源优势,实施协同动员保障,为首都综合防卫作战提供强有力的资源支持。任务涉及北京市及下辖三区县、天津市及下辖三区县、河北省及下辖四区县等。主要任务如表 4.4 所示。

表 4.4 动员任务背景及需求

任务	背景及需求描述
任务 1	天津某电厂及电网遭敌打击,天津地区大面积停电,需要进行电厂抢修协同保障动员任务
任务 2	首都某机场遭遇严重空袭,主跑道、航站楼受损严重,大量人员受伤、滞留,需完成机场设施抢修及人员救护动员任务
任务 3	根据首都综合防卫作战的需要,某集团军部分兵力向河北唐山方向机动,执行防卫作战任务,需完成野营帐篷生产、净水设备、发电设备、药品药材和餐饮等支援动员任务。

二、动员准备阶段业务流程

动员任务开始后,不会涉及动员准备阶段的流程。而实际工作中,准备工作的充分与否,将直接影响动员效率。只有准备环节的工作扎实,才能根据任务做到快速响应。因此,本案例依旧讨论动员准备阶段。此时,国民经济动员机构的前期工作主要包括从事潜力调查、预案管理、潜力建设以及总线管理四项主要工作。

由于三省市准备阶段的业务流程基本一致，且下辖的市（区）、县都是纵向联系，其工作任务与上层大抵相同，只是任务范围上有所缩小而已。因此，以北京市为例具体分析。

首先，接收下辖区县的对可能涉及资源的潜力调查信息，并对没有行业主管部门主管的潜力资源进行潜力调查，做到查漏补缺，更新潜力数据库，明确潜力资源的总量，为后期制定具体的行动方案做好准备。其次，根据目前已有的潜力数据，编制本次资源保障的预案。而后，对可能存在的瓶颈环节进行潜力建设，例如物资获取没有问题，但运输有问题，需要在准备阶段有针对性地提高动员运输能力。最后，搭建集成动员的总线平台，确保与有关单位的连接畅通。整个准备阶段的业务流程模型图如图 4.16 所示。

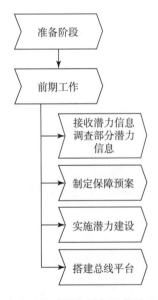

图 4.16　协同保障动员在准备阶段的 VACD 模型

三、动员启动阶段业务流程

动员启动阶段，起始于接收动员命令，结束于动员任务具体实施。该阶段流程主要包括确定行动方案及组建动员团队两个子流程。

（一）确定行动方案流程

当接到动员命令后，全体进入战时状态，为了确定行动方案，必须明确目前的潜力状况。因此，三省市经动办，首先迅速向辖区内下达核实动员潜力的任务，主要包括全面潜力核实和专项潜力核实两项工作。而辖区再继续向下层传达核实指示。其中，全面潜力核实，主要包括自然资源、制造业产品和库存、重要动员物资库存、建筑业、交通运输业、卫生机构、城市公用设施等。根据本次协同保障任务，专项动员潜力核实主要包括工程机械、通用装备及重要物资、药品和专业保障队伍。

继续以北京市为例具体说明。北京市房山区、通州区、大兴区经动办向北京市经动办上报了全面潜力、专项潜力核实报告，北京市再向上级提交了北京市的资源潜力总量，通过反馈机制做好全面潜力核实工作，并形成潜力报告留存。

进而，按照准备阶段编制的资源保障预案，针对核实的潜力数据对预案进行修改、补充，形成具体的行动方案，报上级核准后，下发给三省市经动办。本层行动方案属于最高层的行动方案，包括动员的总体目标、分解到三个省市的任务，即三省市各自的资源保障任务（如表4.5所示）等。三省市经动办对任务进行分析并给出任务反馈，即是否能够完成任务。如果可以完成，则三省市依据上层的行动方案，编制本省（市）的动员行动方案，并下发到下辖市（区）的经动办。否则，根据反馈的问题，进行行动方案的修改，并再次逐层下发，确保每层级的行动方案都可以落实。

表4.5 三省市的动员任务

省（市）	动员任务
北京市	电缆征用动员、帐篷生产动员、2支50人的给养站开设动员
天津市	挖掘机、推土机等大型抢修设施动员、医疗救援队伍动员、1支50人的给养站开设动员
河北省	抢修材料动员、医疗救援队伍动员、净水机及移动设备动员、1支50人的给养站开设动员

假定，北京市的行动方案中将三个动员任务分解到房山区、通州区和大兴区进行落实。而三个区经动办则根据具体任务需求，编制行动方案，

将任务具体落实到动员单位。为了便于模型构建，本阶段以北京市为代表，构建 eEPC 模型，行动方案确定业务流程如图 4.17 所示。

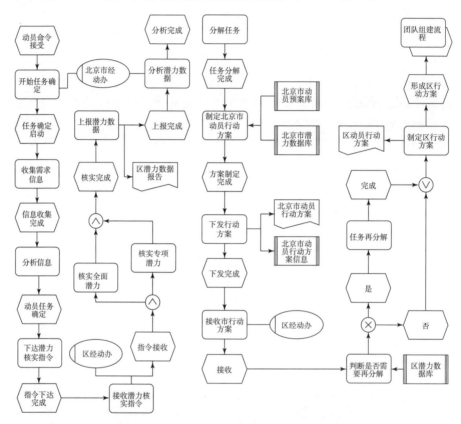

图 4.17　行动方案确定业务流程的 eEPC 模型

（二）组建动员团队流程

基于市级行动方案，北京市需要完成电缆征用、帐篷生产动员、给养站开设三项动员任务，并由房山区承担电缆征用任务、通州区进行帐篷生产动员以及开设 1 支 50 人的给养站、大兴区落实开设 1 支 50 人的给养站任务。根据三个区的行动方案，各区经动办负责联络核心执行主体。其中房山区联络区发改委、区交通局和区财政局，并由区发改委具体负责执行主体间的沟通任务。而后，由发改委挑选出最合适的动员单位——北京市 A 电缆厂，进行电缆征用；房山区交通局安排运输力量将电缆运送至塘沽火车站，而房山区财政局则提供本次动员的所有资金支持。通州区经动办联络通州区工商局,由工商局针对要求,选择最合适的动员单位——B快餐有限责任公司和C救援装备有限公司分别进行抽组开设50人的给养站和账篷生产动员。同时,联络区财政局、交管局分别为此次动员提供经费支持及物流保障等。同理,大兴区经动办,通过总线架构,负责联络区工商局,由工商局选择D餐饮服务有限公司作为动员单位,联络区财政局、交管局分别为此次动员提供经费支持及物流保障等。以房山区的团队组建为代表的eEPC模型如图4.18所示。

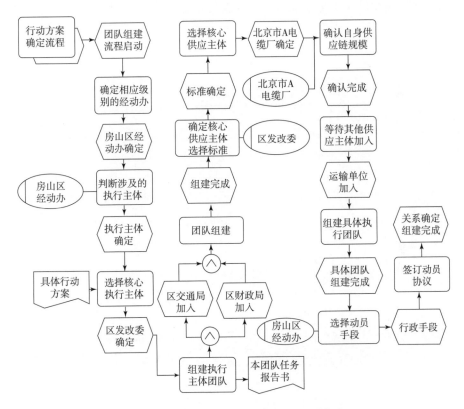

图 4.18 团队组建业务流程的 eEPC 模型

四、动员保障阶段业务流程

本阶段起始于供应主体开始实施资源动员,结束于完成资源保障任务。本阶段主要工作:一方面,是协调控制,北京市三个区按任务划分的核心执行主体已经明确，他们将对供应主体进行监督并向相应的区经动办汇报进展情况；而三个区经动办定期向北京市经动办汇报情况。其中，通州区由于同时开展两项动员任务，需要进行子任务协调，合理配置资源，尤其是需要协调运输力量保障帐篷的运送以及给养站人员和设备的运输，如图 4.19 所示。另一方面，则是动员供应链的运作管理，即四家动员单位需要依据自身的供应链，构建动员链，以完成动员任务。其中，给养站开设动员可纳入调用抽组范围，需要从 B 快餐有限责任公司成建制地抽组 50 人；而帐篷动员属于生产动员，C 救援装备有限公司需要依托自身的供应链，依据动员任务强度，安排生产任务，进行生产运作管理，具体流程如图 4.20 所示。

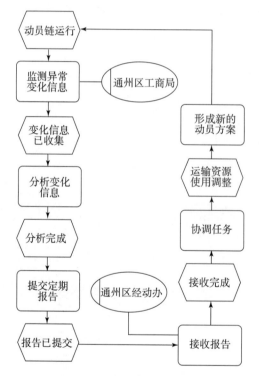

图 4.19　动员保障之协调控制业务流程的 eEPC 模型

第四章 集成动员业务流程 111

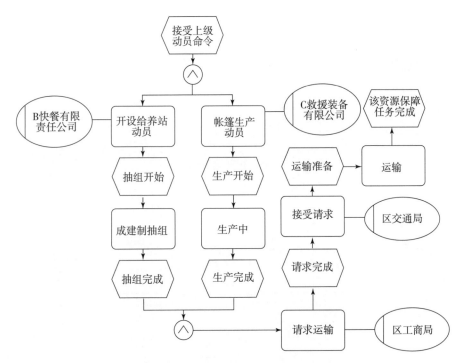

图 4.20 动员保障之动员链运作管理业务流程的 eEPC 模型

五、经济复员阶段业务流程

任务完成前夕，三省市的经动办下达动员复员令，意味着动员任务基本完成，进入最后经济复员阶段。该阶段包含取消战时经济管制，恢复平时生产生活、资产核算和利益补偿工作，以及动员团队解散、恢复到平时体制。下辖的经动办按顺序依次向下下达动员结束、复员指令直至动员单位恢复日常正常运营。

继续以北京市为例，首先是房山区发改委、通州区工商局、大兴区工商局通过各自的管理方式解除与四家动员单位的契约，四家动员单位随后解散自身的动员供应链；而后通州区在两项子任务都完成之后，交管局负责解散物流团队；市经动办通过总线架构，联合财政局、审计局等相关部门进行资产清算和对四家动员单位的利益补偿等工作。市经动办负责本次动员的绩效评价，整理成文，存档以备后用。全部动员工作完成后，市经动办断开与本次相关执行主体的联系，恢复准备阶段工作，以待下次动员，整个流程如图 4.21 所示。

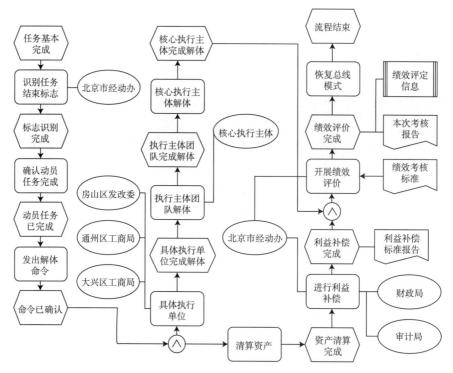

图 4.21　经济复员阶段业务流程的 eEPC 模型

本章小结

本章首先从任务转换的视角，将集成动员划分为动员准备、动员启动、动员保障及经济复员四个阶段，并明确了四个阶段的主要业务活动，包括潜力调查、预案编制、总线管理、任务分解、建立动员链、协调控制任务进度等。

其次，以 ARIS 建模方法为主要研究工具，对集成动员进行了目标建模，明确了高水平的准备、敏捷的响应、敏捷的执行以及合理的善后等四大目标；使用功能视图为集成动员的主要动员主体——协调主体、执行主体和供应主体分别构建了功能树模型，明晰了各个主体的职能职责；改进和运用 eEPC 过程建模方法，全面设计并构建了集成动员四个阶段的通用业务流程模型。

最后，围绕"拱卫首都，京津冀经济动员协同保障"的假定背景，以北京市为重点，运用集成动员业务流程通用模型，全面、系统地分析了本次北京市在电缆征用、帐篷生产以及给养站开设动员任务中，四个阶段的业务流程，验证了本业务流程体系的针对性、合理性和广泛适用性。

第五章
执行主体动员能力评估

第三、第四两章全面探讨了集成动员的双层柔性连接业务模式以及集成动员的业务流程体系，构建了 eEPC 的通用业务流程模型，明确了集成动员管理总线上执行主体的工作方式，即通过指挥体系来对相应的供应主体进行调控，亦通过 ARIS 功能树模型，明确了执行主体的主要职责，包括部分潜力调查、对供应主体的具体管理，以及对其他平级执行主体的管理等。

执行主体调控资源的目标就是尽可能提高其职能范围内的资源保障效率，同时，尽可能地减少动员活动对本部门权责范围内的正常社会经济活动的冲击。各执行主体在其职能范围内调度和调控专门资源的能力，是各执行主体协同配合完成应战应急资源保障的基础和出发点。假如所有的执行主体都无法在其职能范围内调控专门资源（即无动员能力），则集成动员体系便告解体，比如在战争中被敌方摧毁的地区，或者在灾害中被损毁的地区。

因此，本章将集成动员这个复杂体系中分隔出一个断面，专门分析集成动员执行主体的动员能力，主要研究内容包括：明晰执行主体动员能力的概念；分析执行主体动员能力随机性根源；基于随机性，分别构建无约束条件以及有资金约束条件下的执行主体动员能力的多状态评估模型，定量评估执行主体动员能力大小；继而，采用算例研究，验证模型的通用性和可行性，并具体分析某个执行主体的动员能力，并给出相应的建议。

至于在此基础上的由各执行主体协同配合在集成动员供应层建立的供应主体链的动员能力评估问题，将在下一章继续研究。

第一节 关于执行主体动员能力的理论分析

为了对执行主体动员能力进行评估，必须对执行主体动员能力进行理论分析。本节将从以下两个方面阐述执行主体动员能力：一方面是明确执行主体动员能力的概念；另一方面是分析执行主体动员能力的多状态根源。

一、执行主体动员能力的概念

从上一章对集成动员的双层柔性连接业务模式的阐述中可知，执行主体主要是通过行政职能对供应主体进行调控。但是完成国民经济动员的资源保障任务，终究要靠集成动员供应层的各个供应主体。具体执行主体所辖供应主体是否能及时供给动员任务所需的资源，以及完成资源供给任务的可能性等，都将直接反映执行主体的动员能力大小。

在这个逻辑关系中，执行主体的职能就是调配资源，包括调配物资、产能和各种服务能力等，执行主体动员能力直接反映在该执行主体的资源调配方案或者资源计划上。换句话说，一旦实施动员活动，执行主体的任务就是努力调配资源以满足所有的资源需求方。而所谓完成任务的可能性就是典型的可靠性问题。但是，由于当前的可靠性研究多侧重于对产品的可靠性分析，如质量可靠性、交付时间可靠性，以及库存可靠性等，然而，动员活动的特殊性决定了不能单纯从产品层面的可靠性来描述执行主体的动员能力。这是因为，执行主体的动员能力与其下辖的供应主体应对突发事件的动员能力，以及执行主体运用行政手段的能力都有直接关系，并且，集成动员所涉及的资源也不仅仅是物资，还包括产能、服务等更多的类别。为了与通常意义上的可靠性相区别，也为了本书术语体系的完整性，将其称为执行主体的动员能力。

通过以上分析，本书将执行主体动员能力定义为：执行主体在执行国民经济动员任务时，通过一系列的资源调配计划对供应主体进行调控，以保证供应主体按照时限、数量和质量等要求实现动员资源供给的可能性。

从节约成本和缩短动员时间的角度，本定义的前提条件是执行主体优先协调区域内的供应主体满足本区域的动员需求，只有在本区域需求得到满足的情况下，才会向其他区域调配资源。也就是说，面对区域资源不足的情况，跨域调配资源以填补各区域的资源缺口是执行主体的最终任务，也是提升其动员能力的最终目标。

二、执行主体动员能力随机性分析

国民经济动员为应战应急提供资源保障，需要面临复杂的内外部环境，执行主体也将面临各种危急情况，其动员能力必然会表现出一定的不确定性和随机性。针对动员实际情况，将影响执行主体动员能力的原因分为内部原因和外部原因。

（一）内部原因

内部原因主要来自执行主体自身，主要影响执行主体可动员量上限。所谓执行主体可动员量表现为在其权责范围调控资源分配计划或者分配方案，以实现应战应急资源的充分保障。在理想状态下，其动员能力就是平时国民经济动员潜力建设的水平（针对有国民经济动员准备的部门），或者国民经济动员潜力调查活动中所摸清的潜力"家底"（针对无国民经济动员准备的部门）。但是，这只是理想状态，并不是现实状态，也不能按照理想状态来安排应战应急的资源保障工作。因而，执行主体可动员量必然有个上限，且上限往往低于其国民经济动员潜力建设水平或者国民经济动员潜力的能力水平。

所有的执行主体都不可能达到其理想值，但是可以通过寻找原因，努力使其尽最大可能逼近这个理想值。造成执行主体动员能力上限的原因主要有以下几个方面。

第一，执行主体本身行政能力的限制。例如，国家工业和信息化部并非如其名称所标称的管理所有的工业部门和信息化行业，有些行业另有管理部门，如建筑工业就归口于住房和城乡建设部，按照国务院办公厅印发的"三定"方案，工业和信息化部对建筑工业无归口管理权限。同时，在中央政府及各级政府改革的过程中，简政放权成为主流，国务院各部委并无直属企业，尤其是工业和信息化部履行的行业管理职能，管理的是其

"三定"方案所规定的职能范围内的共性问题,比如节能降耗、淘汰落后产能等,代表国家履行出资人职责的是国务院国有资产监督管理委员会。即便是国资委也无权干涉企业的具体经营决策。所以,其行政能力是受到限制的,这不是政府机构设置中的偏差,而是激活企业经营活力、建设社会主义市场经济过程中的重大举措。但是,在执行主体履行国民经济动员义务时,这种行政能力的限制会表现出较大的影响程度,这也是当前无法回避的问题。

第二,执行主体分工过程中出现的"模糊"区间。我国的国家治理体系和治理能力现代化进程还在推进当中,也是全面深化改革的重要内容之一,所以,在管理国家事务的体制和机制方面还要不断地完善,包括执行主体的设置以及执行主体间的分工。因此,可能会出现执行主体的社会管理职能无法全面覆盖社会事务的情况,表现为有些国家事务或者社会事务无主管部门,尤其是学术团队在调查时发现,涉及国民经济动员的工作往往找不到主管部门。出现这种情况并不奇怪。首先,我国的政府机关和执行主体是按照和平时期保障社会正常运行设计的,很难要求在和平时期按照国家受到重大安全威胁的情况来设计国家治理体系,因为这种情况发生的频率是很低的,并且,即使发生了这种情况,也是局部性的,并非是全局性的。其次,执行主体在对某些国家事务和社会事务的理解上出现偏差,最典型的例子就是人们普遍认为国民经济动员乃至国防动员是军队的事,政府及社会的其他部门意识不到自己的责任和义务。

第三,执行主体所能调控的应战应急资源存量的动态变化。国民经济动员所要调动的应战应急资源,主要是专门储备的物资,以及生产厂家和流通渠道中物资存量,或者启用储备产能生产出来的物资,还包括由各类供应主体提供的各种服务。在一个正常的国民经济体系中,存量资源都是动态变化的,即使专门储备的物资也是不断地按程序、按规定在使用,其库存量是不断变化的。比如,2008年南方雨雪冰冻灾害时动用了国家物资储备,所以,有些物资在接下来发生的汶川地震救灾时就表现出了供应紧张。而生产厂家和流通渠道的物资存量也是动态变化的,尤其是在市场经济原则的约束下,所有生产厂家和流通渠道都努力降低自己的存量,以便减少资源和资金占用,提高经济效益。启用储备产能生产的物资更是如此,它必须经过一定的程序、花费一定的时间,甚至要求具备一定的条件才能生产出来,因此,在需要调配这些资源时,它还是不存在的,只表现为获得这些资源的可能性。服务资源也要经过组织队伍、配备装备等程序才能发挥作用，比如，汶川地震时国家地震救援队要经过紧张的调配才能到达灾区提供救援服务，解放军的救援队伍要经过法定程序才能开赴灾区提供救援服务。应战应急资源的动态变化也使得执行主体的动员能力不可能永远按照理想规模发挥作用，甚至有时完全无法发挥作用，比如在战争或者灾害中损毁的动员能力。

第四，执行主体之间相互协同配合的影响。集成动员管理总线的职能是将动员任务涉及的所有执行主体集成到一起，多部门协同配合，共同完成国民经济动员任务。这种情况下，某个执行主体的动员能力就会受到与之相关的执行主体动员能力的影响，也就是通常所说的"木桶效应"。就生产帐篷而言，工业和信息化部门可以加大对帐篷生产企业的动员压力，迫使作为供应主体的帐篷生产厂家提高生产能力，如由一班生产变成三班生产，甚至减少某些可以简化的生产环节等；但是，如果交通部门对其下辖的物流、运输供应主体的动员能力不足，这样依旧会影响工业和信息化部门的动员能力的发挥，表现为工业和信息化部门无法按照其上限发挥动员能力。

第五，预留保险系数的要求。当突发性自然灾害，尤其是大规模的自然灾害，如2008年的南方雨雪冰冻灾害和汶川地震后，往往伴随着无法预料的次生灾害，因此，执行主体往往不能动用所有的资源，为保险起见，需要设置保险系数，例如安全性库存，以防突发的动员任务。再比如，在汶川地震这种大规模灾害发生时，为了解决救援队伍不足的问题，经中央军委批准动员解放军官兵到灾区进行救援，但是，显然，军队作为保卫国家安全的武装力量，必须留够战略员额，不可能全部开赴灾区。

由于以上种种原因的制约，执行主体可动员量不仅有上限，而且会有不同的能力等级，也就是从完全没有动员量（这是一种极端状况）到发挥全部动员量（这是一种理想状况）之间，因此，执行主体可动员量上限会随机表现出不同的等级，表现为执行主体本身调度能力的多状态。

（二）外部原因

在应战应急资源保障过程中，动员任务面对的不是整齐划一、固定不变的需求，也不是掌握完全有效、充足不缺的供应能力。如此就会出现资源需求与资源供给的多状态特性。这种多状态特性有时表现为时序性，比如对某种资源的需求会随着供给量的增加，或者其他条件的变化而变化，某种资源的供给也会随着动员工作的不断深化而陆续增加；但这种多状态特性同样也可能表现为与时序无关，比如某些供应主体由于自身的原因或受外部条件的限制，而无法发挥其最大供给能力。

某种意义上，执行主体居于资源需求方与供应主体之间，因而，供需格局以及动员外部大环境都将影响执行主体的动员能力，这也是执行主体动员能力表现为多状态的外部原因。

1. 供应主体的多状态

第一，供应主体自身能力的多状态。供应主体自身生产能力的多状态，显然是由其生产能力的不确定性引起的，而在供应链风险研究领域，对于个体传统的不确定性研究已经形成了多数较为成熟的成果。但是国民经济动员这种供应主体处于超常规生产状态下，其生产状态较常态相比存在更多的未知性，甚至可能会出现常态下从未出现过的情况，需要重新评估它们的多状态特性，并进而确定它们可能处于何种状态，并采取相应的对策。

为简化论述，以制造业供应主体为例来展开分析。制造业供应主体自身能力的多状态特性，首先来自其生产调度安排。按照制造业供应主体在国民经济动员准备中的"身份"不同，可以分为有准备的制造业企业和无准备的制造业企业。有准备的制造业企业往往建立了国民经济动员中心，如上海冠生园食品厂建立了"应急食品动员中心"。这些企业在国民经济动员方面不仅有机构，还组建了保障队伍，编制了国民经济动员预案，属于动员条件很好的企业。无准备的制造业企业则完全没有参与过国民经济动员准备活动，完成国民经济动员任务是对执行主体动员指令的应激反应，它们的动员条件就不太理想。

然而，无论哪类企业，在接到执行主体下达的动员指令后，都需要迅速响应，调整原有的生产计划，有预案的则依据预案进行响应，没有预案的则要另起炉灶。这些企业短时间内可能无法准确地按照动员需求，精确而科学地将生产计划调整到位（有预案的企业比没有预案的企业情况要好一些，但预案毕竟只是事先制定的动员方案，不可能完全满足具体的动员生产要求）。动员生产计划通常以常态下生产能力为基准进行外推，先做出粗略安排，再逐步完善到位。因此，为完成动员任务，供应主体一开始会尽可能增加对生产设备、原材料、人员等生产要素的投入，最典型的就是将人员从一班制变成两班制或者三班制，导致在一段时间内生产能力大幅度增加。

但是这种较为粗放式的投入会带来一些次生影响。一方面，原材料与生产人员等非机械性要素的投入可能在生产过程中无法与生产设备水平匹配，致使生产要素在供应主体中无法实现最合理配置，造成产品完成时间存在批次差别，供应主体生产能力发生变化；另一方面，往往会造成整个生产系统出现故障，常态下供应主体的生产要素尚且存在故障可能，危态下各类生产资源处于超负荷工作状态，生产系统自然更容易发生故障，最常见的就是生产设备出现故障，造成供应主体自身生产能力发生变化。

为了分析尽可能涵盖不同的行业，再以应战应急最常见的医疗卫生动员为例做一些阐述。医护人员这种服务资源，其自身能力更是具有多态性。一方面，他们的服务能力必然是有上限的，最高限度就是医护人员满负荷工作，不可能无限增加，并且，这种满负荷工作时间也是有限制的，不可能永远持续下去。另一方面，医护人员的服务能力也会因为长时间高强度的劳动而降低，这是无法避免的情形，更何况即使医护人员因为任务紧迫而克服生理和心理局限，努力延长提供医疗卫生服务的时间，医疗器械和设备也会有工作时间的限制，必须按时进行维护和保养。

第二，上下游供应主体之间合作的多状态。上下游供应主体共同构成了供应链，而常态下的企业供应链，便存在着资源需求信息从最终产品沿上游逐层级放大的牛鞭效应，并且在生产能力不确定或需求信息波动较大的情况下会急剧增大供应链的牛鞭效应。因此，集成动员上下游供应主体之间产生的牛鞭效应也会使供应主体的供应能力产生多状态。

很明显，为完成动员任务，在极短的时间内，供应主体必然会增加对上游原材料的需求，而供应主体本身的生产能力波动会因牛鞭效应导致其对上游原材料发生需求扭曲，进而增加上游供应主体的任务量，有可能造成原材料供给无法按照订单的要求准时交货，最终造成供应主体生产能力发生变化。而生产能力发生变化，又会导致其下游物流企业原有配送计划发生改变，而这种改变又会倒逼上游供应主体调整生产能力。这种变化会持续在上下游间传递、扩散，产生更大的不确定性。

同时，一旦上游原材料厂商的供应能力不足以达到完成动员任务的要求，相关执行主体需要从数据库中查找新的原材料厂商加入供应主体。但是，这种情况下，当前的生产企业与其潜在的上游原材料供应主体之间并不存在合作基础，他们的信息沟通程序、彼此的信任程度等也都会对供应主体的生产能力造成影响。

第三，供应主体整体产能的多状态。在应战应急资源保障中，国民经济动员机构虽然能够依据资源需求状况判别动员强度，进而通过管理总线传递给执行主体，执行主体根据情况采取相应的动员手段，但是供应主体间形成的供应链的整体产能依旧会存在诸多不确定性，造成供应主体整体产能的多状态特性。

在危态下，国民经济动员机构做出的决策通常建立在潜力调查和平时准备的基础上，执行主体也是依据他们的潜力数据库系统查找相应的潜力数据，并对供应主体进行协调和调度，但受时间、外界环境的影响，信息传递会存在滞后的可能性。执行主体掌握供应主体的实时动员潜力难度较大，无法判定可动员主体的数量。数量的不确定性、供应主体自身生产能力的不确定性，以及上下游间合作的不确定，三者结合带来整体产能的不确定性，自然也就会造成整体产能的多状态特性。

2. 资源需求方的多状态

应战应急情况下，资源需求基本不可能做到准确预测，随着动员活动的进行，资源的实际需求会不断被重新核算从而造成需求的多状态特性。同时，急时战时会出现无法预料的情况，造成资源需求的骤然变化，一般表示为骤然增加，如地震引发的次生灾害泥石流以及随着救援活动开展，存活人数的上升都会让一些必然生活用品的需求产生骤增。有时也会表现为骤然减少，比如在舟曲泥石流灾害中，国家经过评估认为失踪人员已经不存在存活的可能而中止了搜救，对相应的搜救资源的需求就骤然减少了。

除了这种骤然增加或者减少以外，也会存在缓慢增加或者减少的情况。比如，随着救援队伍的陆续到达，保障救援队伍的给养需求会不断增加。再比如，随着灾害救援的进展，受灾人员陆续得到安置，对安置资源的需求也会逐渐减少。

不论是增加，还是减少，不论是骤然，还是缓慢，需求方的资源需求都是在变化，从而表现为需求方对资源的需求不是一成不变的，不会永远是一个需求状态。也就是说，需求方的资源需求也会表现出多状态特性。

3. 外部环境的多状态

应战应急时，外界环境十分复杂，其不确定性主要包括自然因素的不确定性和社会因素的不确定性。国民经济动员活动主要针对战场、大型及特大型突发事件，包括自然灾害、事故灾害，以及公共卫生事件等，其所处环境与常态下的社会环境相比复杂得多得多。

自然因素主要包括自然灾害、事故灾害等突发事件。如地震、雪灾、矿难等对道路、通信、电力等基础设施的破坏，会对供应主体生产能力以及物流运输等产生不确定性影响。如 2008 年的汶川大地震造成进出汶川县的各种交通要道严重损毁，救援部队经过近 53 个小时才将道路全线打通；2008 年南方雨雪冰冻灾害造成大面积的电力系统中断，雪灾首先对道路运输产生影响，导致煤炭等发电燃料运输不便，引发能源供应不足，而大面积的电缆结冰又造成电力供应中断，电厂发电设备被迫停产，电力中断又导致其他资源无法及时供应。因此，这些自然因素对于供应主体的自身供应能力会造成巨大的影响。社会因素主要包括各类事件对外部市场产生的影响。供应主体的供需关系的变化有可能引发价格波动。虽说国民经济动员活动体现国家意志，并具有弱经济性，但弱经济性依旧是经济性，供应主体具有个体意识，仍然会存在一些可以接受的经济行为，这种社会因素造成的经济行为也会对供应主体产生影响。

这些外部条件不是供应主体能够控制的，但是，它们却直接或者间接地影响着供应主体的供给能力，致使供应主体的供给能力表现出多状态的特性。

第二节　执行主体动员能力评估

前一节从理论方面分析了影响执行主体动员能力的多种内外部因素以及供应主体、需求方存在多状态特性的原因。那么，供应主体、需求方的这种多状态究竟会如何影响执行主体的动员能力呢？本节将采用通用生成函数法对执行主体的动员能力进行测度评估。

一、建模假设

本部分内容探讨供应主体资源供应的多状态和需求方资源需求的多状态的不同概率对执行主体动员能力的影响，为便于研究，将其他复杂条件进行简化，对模型做如下假设。

第一，以执行主体调配某一类（种）资源为研究对象，对同时调配多种资源的情形不做深入研究。

第二，假设供需双方一对一，即一个资源需求方只由一个供应主体进行优先供应，只有在供应后，资源有富余的情况下，执行主体才能将该供应主体剩余资源调配给其他需求方。供应总线的作用正体现在这里，它是执行主体统一调配资源、调剂余缺的基础。

第三，由于下达国民经济动员任务，本身就意味着突发险情，要求必须完成任务，因此，只评估资源需求方得到充分资源情况下的执行主体的动员能力大小，而不再考虑资源需求方资源需求得不到充分满足的情形。

虽然做出了以上三个假设，但本节所建立的执行主体动员能力评估模型针对一般资源，不对资源的具体种类或者其他特性进行更多的规定，因此，并不损害建立的执行主体动员能力评估模型的通用性，可以对任意执行主体的动员能力进行评估。

二、模型描述

根据上述的模型假设条件，给出执行主体动员能力系统的模型描述。

如图 5.1 所示，执行主体动员能力系统中包含 N 个受灾地区，分别为受灾地 1，受灾地 2，……受灾地 i，受灾地 N。每个受灾地都有资源需求量 W_i 以及相应的供应主体提供的供给量 G_i，每个受灾地有供应主体自己供给所需资源量。当受灾地 i 的供给量 G_i 有剩余时，将由执行主体调配到其他需求量得不到满足的受灾地，如受灾地 j。当然，根据前面的研究内容，执行主体可动员量也有一个上限 C。只有当所有的受灾地的需求量得到满足的时候，整个执行主体动员能力系统才能正常运转。而这个正常运转的可能性大小就是执行主体根据动员任务调度资源的能力，也就是执行主体的动员能力。

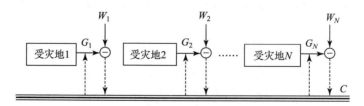

图 5.1　执行主体动员能力系统一

当执行主体不参与资源调配时，受灾地 i 就会出现三种可能情况：①当地的供给量 G_i > 需求量 W_i，供给可以满足需求，并且有富余；②当地的供给量 G_i = 需求量 W_i，供给恰好可以满足需求，无富余；③当地的供给量 G_i < 需求量 W_i，供给无法满足需求，存在资源缺口，需要执行主体进行动员调配。此时，整个系统的资源富余量（S）就是各个受灾地资源富余

量 S_i 的总和,也就是:

$$S = \sum_{i=1}^{N} S_i = \sum_{i=1}^{N} \max(G_i - W_i, 0) \tag{5.1}$$

整个系统的资源缺乏量(D)也就是各个受灾地资源缺乏量 D_i 的总和,表示为:

$$D = \sum_{i=1}^{N} D_i = \sum_{i=1}^{N} \max(W_i - G_i, 0) \tag{5.2}$$

为了系统正常工作,只要有受灾地存在资源缺乏量,也就是 D 不为零的情况,执行主体就必须进行调配资源。此时,执行主体需要比较系统的资源富余量以及缺乏量的大小,在自身可动员量之内,进行资源调配。因此,执行主体能够调配的最大资源量(T)就是整体系统资源供给量 S、资源缺乏量 D 以及执行主体可动员量上限 C 的最小值,即为:

$$T = \min(S, D, C) = \min\left(\sum_{i=1}^{N} \max(G_i - W_i, 0), \sum_{i=1}^{N} \max(W_i - G_i, 0), C\right) \tag{5.3}$$

在执行主体调配资源之后,整个系统的资源缺乏量以及系统剩余的资源量则分别表示为:

$$\tilde{D} = D - T = D - \min(S, D, C) = \max(0, D - \min(S, C))$$
$$= \max\left(0, \sum_{i=1}^{N} \max(G_i - W_i, 0) - \min\left(\sum_{i=1}^{N} \max(W_i - G_i, 0), C\right)\right) \tag{5.4}$$

$$\hat{S} = S - T = S - \min(S, D, C) = \max(0, S - \min(D, C))$$
$$= \max\left(0, \sum_{i=1}^{N} \max(G_i - W_i, 0)\right) - \min\left(\sum_{i=1}^{N} \max(W_i - G_i, 0), C\right) \tag{5.5}$$

根据前提假设,系统最终正常运转时,必须能够满足资源需求量,也就是 $\tilde{D} = 0$ 的情况,而执行主体动员能力就是执行主体能以多大的可能性来满足 $\tilde{D} = 0$ 的情况,因此,执行主体动员能力表示为:

$$R = \Pr\{\tilde{D} = 0\}$$
$$= \Pr\left\{\max\left(0, \sum_{i=1}^{N} \max(W_i - G_i, 0) - \min\left(\sum_{i=1}^{N} \max(|G_i - W_i, 0), C\right)\right) = 0\right\} \tag{5.6}$$

整个模型描述的符号含义,如表 5.1 所示。

表 5.1 执行主体动员能力系统—模型含义

符号	含义
N	受灾地数量
G_i	受灾地 i 的随机资源供给量
W_i	受灾地 i 的随机资源需求量
C	执行主体资源调配的随机调配量
S	执行主体不调配时，系统多余的资源供给量
T	执行主体调配资源的最大数量
$\tilde{D}$	执行主体进行资源调配后，系统的资源缺乏量
$\hat{S}$	执行主体进行资源调配后，系统的资源剩余量
$\Pr\{e\}$	事件 e 发生的概率
R	执行主体的动员能力

三、模型求解

根据第一节的内容分析，得知整个系统中资源的供给量、需求量以及执行主体可动员量等都是随机的，且具有多个状态。而通用生成函数法能较好地表征执行主体动员能力系统的多状态特性。因此，本节将在简要介绍通用生成函数方法的基础上，利用该方法对执行主体的动员能力进行分析求解。

（一）通用生成函数简介

通用生成函数是一种高效的离散随机变量组合计算工具，在 1987 年，由 Ushakov 首次在可靠性分析中利用，随后被 Anatoly Lisnianski 和 Gregory Levitin 广泛运用于多状态系统的可靠性分析和性能研究中。其基本思想就是将离散随机变量表示为多项式形式，运用多项式的组合算子，通过递归运算得到最后结果的离散随机变量的多项式形式。

通用生成函数法通常采用 z 变换和组合算子 $\underset{\varphi}{\otimes}$。因此，将随机变量和随机变量构成函数的 z 变换多项式称为它们的 u 函数。而系统中元件 i（本节中的受灾地）的 u 函数用 $u_i(z)$ 表示，整个系统的 u 函数用 $U(z)$ 表示。

$$u_i(z) = \sum_{h=1}^{k_i} \alpha_{i,h} z^{y_{i,h}} \tag{5.7}$$

其中，Y_i 有 k_i 种可能的取值，并且 $\alpha_{i,h} = \Pr\{Y_i = y_{i,h}\}$，即 $Y_i = y_{i,h}$ 事件的概率。

利用组合算子 $\underset{\varphi}{\otimes}$ 计算整个系统中 n 个相互独立的随机变量 $\varphi(Y_1, \ldots, Y_n)$ 概率质量函数为：

$$\begin{aligned} U(z) &= \underset{\varphi}{\otimes}(u_1(z), \ldots, u_n(z)) \\ &= \underset{\varphi}{\otimes}\left(\sum_{h_1=1}^{k_1} \alpha_{1,h_1} z^{y_{1,h_1}}, \ldots, \sum_{h_n=1}^{k_n} \alpha_{n,h_n} z^{y_{n,h_n}}\right) \\ &= \sum_{h_1=1}^{k_1} \sum_{h_2=1}^{k_2} \cdots \sum_{h_n=1}^{k_n} \prod_{i=1}^{n} \alpha_{i,h_i} z^{\varphi(y_{1,h_1}, \ldots, y_{n,h_n})} \end{aligned} \tag{5.8}$$

从上面的公式可以看出，u 函数具有典型的多项式特点，所以可以表示多状态的性能分析，因而采用通用生成函数法来计算执行主体动员能力大小。

（二）执行主体动员能力求解

由于系统中供给量和需求量都会受到内外界因素的影响而产生不同的变化。因此，受灾地 i 供给量 G_i 会有 H_i 个不同的取值，表示为 $g_i = \{g_{i,1}, g_{i,2}, \ldots, g_{i,H_i}\}$，而需求量 W_i 同样有 K_i 个不同的取值，表示为 $w_i = \{w_{i,1}, w_{i,2}, \ldots, w_{i,K_i}\}$。

则供给量、需求量表达式分别为：

$$u_i(z) = \sum_{h=1}^{H_i} p_{i,h} z^{g_{i,h}} \tag{5.9}$$

其中，$p_{i,h} = \Pr\{G_i = g_{i,h}\}$，表示供给量 G_i 能够以 $p_{i,h}$ 的概率供应 $g_{i,h}$ 的数值。

$$w_i(z) = \sum_{k=1}^{K_i} q_{i,k} z^{w_{i,k}} \tag{5.10}$$

其中，$q_{i,k} = \Pr\{W_i = w_{i,k}\}$，同样表示需求量 W_i 需要 $w_{i,k}$ 的数值的可能性是 $q_{i,k}$。

当然，执行主体可动员量也是具有多个状态，其可能的取值为 $c = \{c_1, c_2, \ldots c_L\}$，表达式：

$$\eta(z) = \sum_{l=1}^{L} \beta_l z^{c_l} \tag{5.11}$$

其中，$\beta_l = \Pr\{C = c_l\}$，表示可动员量 C 能够以 β_l 的概率获得 c_l 的动员量。

受灾地 i 的供给量与需求量运算表达式：

$$\begin{aligned}\Delta_i(z) &= u_i(z) \underset{\Leftrightarrow}{\otimes} w_i(z) \\ &= \sum_{h=1}^{H_i} \sum_{k=1}^{K_i} p_{i,h} q_{i,k} z^{\max(0, g_{i,h}-w_{i,k}), \max(0, w_{i,k}-g_{i,h})} \\ &= \sum_{m=1}^{M_i} \pi_{i,m} z^{s_{i,m}, d_{i,m}} \end{aligned} \quad (5.12)$$

其中，$\pi_{i,m} = \Pr\{(S_i = s_{i,m}) \cap (D_i = d_{i,m})\}$。

那么，根据公式 5.1 及公式 5.2 可得出以下指标量：

Ω 集合中受灾地供给量与需求量关系表达式为：

$$U_\Omega(z) = \sum_{f=1}^{F_\Omega} \pi_{\Omega, f} z^{s_{\Omega, f}, d_{\Omega, f}} \quad (5.13)$$

整个系统中，N 个受灾地相互调配资源的结果表达式为：

$$\begin{aligned}U_{\Omega \cup i}(z) &= U_\Omega(z) \underset{+}{\otimes} \Delta_i(z) \\ &= \Big(\sum_{f=1}^{F_\Omega} \pi_{\Omega, f} z^{s_{\Omega, f}, d_{\Omega, f}}\Big) \underset{+}{\otimes} \Big(\sum_{m=1}^{M_i} \pi_{i,m} z^{s_{i,m}, d_{i,m}}\Big) \\ &= \sum_{f=1}^{F_\Omega} \sum_{m=1}^{M_i} \pi_{\Omega, f} \pi_{i,m} z^{s_{\Omega, f}+s_{i,m}, d_{\Omega, f}+d_{i,m}} \\ &= \sum_{f=1}^{F_{\Omega \cup i}} \pi_{\Omega \cup i, f} z^{s_{\Omega \cup i, f}, d_{\Omega \cup i, f}} \end{aligned} \quad (5.14)$$

利用递推公式求得整个系统供给量和需求量关系表达式（5.14）。

①分配 $U_\Omega(z) = U_\varnothing(z) = z^{0, \varnothing}$；

②对于受灾地 $i = 1, 2, \ldots, N$ 重复进行运算，得到 $U_{\Omega \cup i}(z) = U_\Omega(z) \underset{+}{\otimes} \Delta_i(z)$，分配 $\Omega = \Omega \cup i$。

最后得到整个系统供给量与需求量关系表达式为：

$$U_A(z) = \sum_{f=1}^{F_A} \pi_{A, f} z^{s_{A, f}, d_{A, f}} \quad (5.15)$$

执行主体进行资源调配之后，整个系统供给量与需求量的表达式为：

$$\begin{aligned}\tilde{U}_A(z) &= U_A(z) \underset{\varphi}{\otimes} \eta(z) = \Big(\sum_{f=1}^{F_A} \pi_{A, f} z^{s_{A, f}, d_{A, f}}\Big) \underset{\varphi}{\otimes} \Big(\sum_{l=1}^{L} \beta_l z^{c_l}\Big) \\ &= \sum_{f=1}^{F_A} \sum_{l=1}^{L} \pi_{A, f} \beta_l z^{\max(0, d_{A, f}-\min(s_{A, f}, c_l))} = \sum_{f=1}^{\tilde{F}} \tilde{q}_f z^{\tilde{d}_f}\end{aligned} \quad (5.16)$$

最终得到执行主体动员能力系统的可靠度为：
$$R = \Pr\{\tilde{d}_f = 0\} \tag{5.17}$$
整个模型求解的符号含义，如表 5.2 所示。

表 5.2　执行主体动员能力系统模型描述含义

符号	含义
A	所有受灾地的集合
N	受灾地的数量
Ω	A 的子集
$u_i(z)$	受灾地 i 的供给量的概率质量函数
$w_i(z)$	受灾地 i 的需求量的概率质量函数
$\Delta_i(z)$	受灾地的供给量和需求量概率质量函数
$U_\Omega(z)$	子集为 Ω 的供给量和需求量概率质量函数
$\tilde{U}_A(z)$	资源调配后整个系统需求缺乏量的概率质量函数
$\hat{U}_A(z)$	资源调配后整个系统资源富余量的概率质量函数
g_i	受灾地 i 的供给量 G_i 可能的子集
$g_{i,h}$	G_i 的第 h 次取值
$p_{i,h}$	$G_i = g_{i,h}$ 的概率
w_i	受灾地 i 的需求量 W_i 可能的子集
$w_{i,k}$	W_i 第 k 次取值
$q_{i,k}$	$W_i = w_{i,k}$ 的概率
c	执行主体可动员量 C 可能的子集
c_l	c 第 l 次取值
β_l	$C = c_l$ 的概率
$\otimes_\varphi$	UGF 组合算子

第三节 算例研究

上一节构建了通用的执行主体动员能力评估模型,并给出了求解过程。本节将以四川大地震中关于帐篷的动员任务为例,利用上节构建的通用模型,计算出具体的执行主体动员能力大小,并对结果进行探讨。

一、算例描述

2008年汶川大地震后,受灾地区北川、映秀急需大量帐篷。由于地震涉及动员级别很高,将由国家经济动员办公室通过业务总线联系民政部,继而由民政部联系相应的供应主体进行帐篷供给。最终,民政部决定由临海正特、扬州阿珂姆公司分别负责相应地区的帐篷供给。整个框架图如图5.2所示。

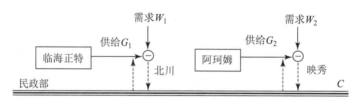

图5.2　民政部动员能力框架图一

地震后,随着时间的推移,北川和映秀的帐篷需求发生变化。民政部根据需求的变化,会给予供应主体不同的动员强度,而临海正特以及阿珂姆两个企业则根据动员强度调整供给能力。表5.3给出了两个受灾地的帐篷需求量、两家供应主体的帐篷供给量(帐篷供应单位为万顶)以及对应的概率。同时,民政部的可动员量会受到自身执行力度以及交通部物流能力等的影响,其能够调配的数量如表5.4所示。

表5.3　受灾地的供需量及对应的发生概率

受灾地	供给量/万顶	概率	需求量/万顶	概率
北川(1)	$g_1 = [8.5, 5, 1]$	$p_1 = [0.6, 0.3, 0.1]$	$w_1 = [8, 4]$	$q_1 = [0.6, 0.4]$
映秀(2)	$g_2 = [4, 0]$	$p_2 = [0.8, 0.2]$	$w_2 = [3, 1]$	$q_2 = [0.7, 0.3]$

表 5.4　执行主体可动员量

	调配量/万顶	概率
执行主体	$c = [4,1,0]$	$b = [0.8, 0.1, 0.1]$

二、执行主体动员能力分析

根据本章第二节提出的计算方法，可以得出以下的表达式。

北川的帐篷供给量和需求量表达式分别为：

$$u_1(z) = 0.6z^{8.5} + 0.3z^5 + 0.1z^1 \tag{5.18}$$

$$w_1(z) = 0.6z^8 + 0.4z^4 \tag{5.19}$$

映秀的帐篷供给量和需求量表达式分别为：

$$u_2(z) = 0.8z^4 + 0.2z^0 \tag{5.20}$$

$$w_2(z) = 0.7z^3 + 0.3z^1 \tag{5.21}$$

执行主体可动员量为：

$$\eta(z) = 0.8z^4 + 0.1z^1 + 0.1z^0 \tag{5.22}$$

由临海正特供给北川帐篷后，北川的帐篷供给量与需求量为：

$$\begin{aligned}\Delta_1(z) &= u_1(z) \underset{\Leftrightarrow}{\otimes} w_1(z) = (0.6z^{8.5} + 0.3z^5 + 0.1z^1) \underset{\Leftrightarrow}{\otimes} (0.6z^8 + 0.4z^4) \\ &= 0.36z^{0.5,0} + 0.24z^{4.5,0} + 0.18z^{0,3} + 0.12z^{1,0} + 0.06z^{0,7} + 0.04z^{0,3} \\ &= 0.36z^{0.5,0} + 0.24z^{4.5,0} + 0.12z^{1,0} + 0.06z^{0,7} + 0.22z^{0,3}\end{aligned} \tag{5.23}$$

由阿珂姆供给映秀帐篷后，映秀的帐篷供给量与需求量为：

$$\Delta_2(z) = u_2(z) \underset{\Leftrightarrow}{\otimes} w_2(z) = 0.56z^{1,0} + 0.24z^{3,0} + 0.14z^{0,3} + 0.06z^{0,1} \tag{5.24}$$

由于只有两家供应主体，根据递推算法，分两步计算出北川和映秀的帐篷资源的总供需量为：

① $U_{\{1\}}(z) = U_{\varnothing}(z) \underset{+}{\otimes} \Delta_1(z) = \Delta_1(z)$

$$= 0.36z^{0.5,0} + 0.24z^{4.5,0} + 0.12z^{1,0} + 0.06z^{0,7} + 0.22z^{0,3} \tag{5.25}$$

② $U_A(z) = U_{\{1,2\}}(z) = U_{\{1\}}(z) \underset{+}{\otimes} \Delta_2(z)$

$$= (0.36z^{0.5,0} + 0.24z^{4.5,0} + 0.12z^{1,0} + 0.06z^{0,7} + 0.22z^{0,3})$$

$$\underset{+}{\otimes} (0.56z^{1,0} + 0.24z^{3,0} + 0.14z^{0,3} + 0.06z^{0,1})$$

$$\begin{aligned}
= 10^{-2}[&20.16z^{1.5,0} + 8.64z^{3.5,0} + 5.04z^{0.5,3} + 2.16z^{0.5,1} + \\
&13.44z^{5.5,0} + 5.76z^{7.5,0} + 3.36z^{4.5,3} + 1.44z^{4.5,1} + 6.72z^{2,0} + \\
&2.88z^{4,0} + 1.68z^{1,3} + 0.72z^{1,1} + 3.36z^{1,7} + 1.44z^{3,7} + \\
&0.84z^{0,10} + 0.36z^{0,8} + 12.32z^{1,3} + 5.28z^{3,3} + 3.08z^{0,6} + \\
&1.32z^{0,4}]
\end{aligned} \quad (5.26)$$

明确两个受灾地的帐篷总供需量之后,需要结合民政部实际可动员量,最终得到民政部进行资源调配后整个系统的帐篷资源缺乏量为:

$$\begin{aligned}
\tilde{U}_A(z) = U_A(z) &\underset{\varphi}{\otimes} \eta(z) = 10^{-2}[20.16z^{1.5,0} + 8.64z^{3.5,0} \\
&+ 5.04z^{0.5,3} + 2.16z^{0.5,1} + 13.44z^{5.5,0} + 5.76z^{7.5,0} \\
&+ 3.36z^{4.5,3} + 1.44z^{4.5,1} + 6.72z^{2,0} + 2.88z^{4,0} + 1.68z^{1,3} \\
&+ 0.72z^{1,1} + 3.36z^{1,7} + 1.44z^{3,7} + 0.84z^{0,10} + 0.36z^{0,8} \\
&+ 12.32z^{1,3} + 5.28z^{3,3} + 3.08z^{0,6} + 1.32z^{0,4}] \\
&\underset{\varphi}{\otimes} (0.8z^4 + 0.1z^1 + 0.1z^0) \\
= 0.6646z^0 &+ 0.01052z^1 + 0.09764z^2 \quad (5.27)
\end{aligned}$$

由此很容易便可求出民政部的动员能力 $R = 0.6646$。

三、影响执行主体动员能力的因素

在算出民政部动员能力的基础上,可以进一步分析影响民政部动员能力的因素。因此,本节将通过几组模型数据的对比,进行结果分析,并确定相应的影响因素。

(一) 模型对比分析

由于算例中涉及供应主体的供给量、受灾地的需求量、民政部自身的可动员量以及各自相对的发生概率,而在动员任务进行中,由于受到内外界因素的影响,这些数值都有可能发生变化。因此,下面通过四组不同的参数值,对比分析民政部动员能力变化情况。

(1) 在其他参数不变的情况下,改变供应主体供给量的概率,即 g_1、g_2、w_1、w_2、c 及 b 保持不变,更改 p_1、p_2 的参数值。

(2) 在其他参数不变的情况下,改变供应主体能够提供的供给量,即 p_1、p_2、w_1、w_2、c 及 b 保持不变,更改 g_1、g_2 的参数值。

(3) 在其他参数不变的情况下,改变受灾地的资源需求量,即 g_1、

g_2、p_1、p_2、c 及 b 保持不变,更改 w_1、w_2 的参数值。

(4) 在其他参数不变的情况下,改变民政部自身的可动员量,即 g_1、g_2、w_1、w_2、p_1 及 p_2 保持不变,更改 c、b 的参数值。

四组参数值如表 5.5 所示。

表 5.5 对比分析参数值

组号	参数	
(1)	$p_1 = [0.8,0.1,0.1]$	$p_2 = [0.9,0.1]$
(2)	$g_1 = [6,3,0]$	$g_2 = [3,1]$
(3)	$w_1 = [10,6]$	$w_2 = [5,2]$
(4)	$c = [3,1,0]$	$b = [0.85,0.1,0.05]$

按照同样的步骤求解执行主体动员能力。通过 MATLAB 软件计算出的 R 值如表 5.6 所示。

表 5.6 执行主体动员能力值

组号	R 值	变化
(1)	0.805 2	增大
(2)	0.328 3	减少
(3)	0.259 2	减小
(4)	0.591 1	减小

(二) 结果分析

从以上求解,明显可以得出以下结果:

(1) 当供应主体以较大概率供给最多供给量时,民政部门动员能力提升较大,从 0.664 6 增长到 0.805 2,增长幅度大约为 21%。

(2) 当供应主体的供应能力出现问题,供给量全面下降,则民政部门动员能力会大幅度降低,从 0.664 6 降至 0.328 3,能力减少幅度超过 50%;

(3) 当突发次生灾害,造成受灾地的资源需求量大幅度增加,民政部门动员能力则会急剧下降,从 0.664 6 骤降为 0.259 2,能力降低幅度超 60%。

(4) 当民政部门自身的可动员量变小时，其动员能力也会随之减少，由 0.664 6 降为 0.591 1，降低幅度为 11%。

因此，从该算例分析可以看出，在本次帐篷生产供应动员任务中，集成动员的国民经济动员机构通过业务总线联系民政部门，由民政部门牵头完成本次动员任务。民政部门需要尽可能在第一时间内摸清受灾地的受灾情况，并对资源需求量进行合理预估，以减少资源需求发生骤增骤减的可能性，然后根据预估结果，有针对性地更改对供应主体的动员强度，保证供应主体能以较大概率提供更多的资源。同时，联系相关部门，如工信部门保证供应主体的周边环境，如电力、煤炭等资源的充足供给，防止因为周边资源的不足，导致供应主体供给能力的骤然下降。此外，民政部门也需要积极联系其他相关部门，如交通部门，保障生产出来的帐篷能够及时运走，以提升自身的调度能力，进而提高民政部门的动员能力。

第四节　资金约束下的执行主体动员能力评估

上一节的研究内容主要聚焦除了自身能力限制之外，没有其他外界限制条件情况下执行主体的动员能力。但是，受限于国民经济动员管理机构的日常工作经费及管理能力等，管理机构不可能也无法给所有的供应主体都提供运作资金，因此，管理机构必须优先将有限的资金投入给平时联系更为紧密、供给能力有较强保障的供应主体，例如国民经济动员中心。基于此，本节将在前面研究内容的基础上，继续分析在可支配的工作经费范围内，选择数量及质量最优的供应主体，以进一步提高完成动员任务的可能性。在多角度评估执行主体能力的同时，也为国民经济动员机构提供有效的决策辅助。

一、建模假设

与第二节的建模假设类似，本节内容主要探讨在资金限制下，供需双方的资源多状态对执行主体动员能力的影响。为便于开展研究，对该模型做如下假设：

第一，只评估资源需求地得到充分资源情况下的执行主体的动员能力大小，而不再考虑资源需求方资源需求得不到充分满足的情形。

第二，依旧以执行主体调配某一类（种）资源为研究对象，对同时调配多种资源的情形不做深入研究。

第三，假设供需双方多对一，即一个资源需求方由若干个供应主体进行供应，但若干个供应主体形成供给群，一个供给群只优先供给一个需求地，只有在满足需求地供应后，执行主体才能将富余资源调配到其他需求地。

虽然做出了以上假设，但是所建立的执行主体动员能力评估模型具有通用性，对该模型进行研究所得出的结论采取一般的演绎和推理，可用于通用的执行主体动员能力评估系统。

二、模型描述

根据上述假设条件，本节将在第三节的基础上，将供应主体进行细化，即给出在多对一的供需条件下，执行主体动员能力系统的模型描述。

如图5.3所示，本次动员任务涉及 N 个受灾地区，分别为受灾地1，受灾地2，……受灾地 j，受灾地 N。模型假设每个受灾地 j 有 H_j 个供应主体，则整个系统有 M 个供应主体，每个供应主体有供应量 G_i。每个受灾地 j 有需求量 W_j，很明显，供应量 G_i 是个随机的变量，会根据外界动员压力以及自身动员能力调整供应量。W_j 亦然，资源需求量会一直随外界环境的改变而改变。与本章第三节模型类似，只有在资源有富余的情况下，由执行主体调配到其他需求量得不到满足的受灾地。执行主体可动员量也有一个上限 C，也会发生变化。当所有的受灾地的需求量得到满足的时候，整个执行主体动员能力系统才能正常运转。需要评估的执行主体动员能力就是系统正常运转的可能性。

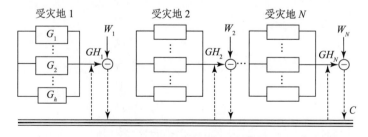

图5.3 执行主体动员能力系统二

与第三节类似，在此不再赘述供应量与需求量间可能出现的状态。那么，当执行主体不参与资源调配时，系统的总的资源供给量和资源缺乏量分别表示为：

$$S = \sum_{j=1}^{N} S_j = \sum_{j=1}^{N} \max\left(\sum_{e_i \in E_j} G_i - W_j, 0\right) \tag{5.28}$$

$$D = \sum_{j=1}^{N} D_j = \sum_{j=1}^{N} \max\left(W_j - \sum_{e_i \in E_j} G_i, 0\right) \tag{5.29}$$

为了完成动员任务，执行主体进行调配资源。此时，执行主体能够调配的最大资源量（Z）就是整体系统资源供给量S、资源缺乏量D，以及执行主体可动员量C的最小值，即为：

$$\begin{aligned} Z &= \min(S, D, C) \\ &= \min\left(\sum_{j=1}^{N} \max\left(\sum_{e_i \in E_j} G_i - W_j, 0\right), \sum_{j=1}^{N} \max\left(W_j - \sum_{e_i \in E_j} G_i, 0\right), C\right) \end{aligned} \tag{5.30}$$

在执行主体调配资源之后，整个系统的资源缺乏量为：

$$\begin{aligned} \tilde{D} &= D - Z = D - \min(S, D, C) = \max(0, D - \min(S, C)) \\ &= \max\left(0, \sum_{j=1}^{N} \max\left(W_j - \sum_{e_i \in E_j} G_i, 0\right) - \min\left(\sum_{j=1}^{N} \max\left(\sum_{e_i \in E_j} G_i - W_j, 0\right), C\right)\right) \end{aligned} \tag{5.31}$$

系统剩余的资源量为：

$$\begin{aligned} \hat{S} &= S - Z = S - \min(S, D, C) = \max(0, S - \min(D, C)) \\ &= \max\left(0, \sum_{j=1}^{N} \max\left(\sum_{e_i \in E_j} G_i - W_j, 0\right)\right) - \min\left(\sum_{j=1}^{N} \max\left(W_j - \sum_{e_i \in E_j} G_i, 0\right), C\right) \end{aligned} \tag{5.32}$$

由假设条件可知，系统最终正常运转时，依旧是必须满足$\tilde{D} = 0$的条件，因此，执行主体动员能力可表示为：

$$\begin{aligned} R &= \Pr\{\tilde{D} = 0\} \\ &= \Pr\left\{\max\left(0, \sum_{j=1}^{N} \max\left(W_j - \sum_{e_i \in E_j} G_i, 0\right) - \min\right.\right. \\ &\quad \left.\left.\left(\sum_{j=1}^{N} \max\left(\sum_{e_i \in E_j} G_i - W_j, 0\right), C\right)\right) = 0\right\} \end{aligned} \tag{5.33}$$

整个模型描述的符号含义，如表5.7所示。

表 5.7　执行主体动员能力系统二模型含义

符号	含义
N	受灾地的数量
G_i	供应主体 i 的随机供给量
W_j	受灾地 j 的随机需求量
C	执行主体的随机调配容量
S	执行主体不调配时，系统多余的资源供给量
D	执行主体不调配时，系统缺乏的资源量
e_i	总系统的第 i 个供应主体
E_j	第 j 个受灾地
Z	执行主体资源调配的最大值
$\tilde{D}$	执行主体资源调配后，系统的资源缺乏量
$\hat{S}$	执行主体资源调配后，系统的资源剩余量
$\Pr\{e\}$	事件 e 发生的概率
R	执行主体的动员能力

三、模型求解

由于整个系统依然具有多状态，因此，继续利用 UGF 方法对模型进行求解。受灾地 j 中的供应主体 i 的供给量 G_i 有 $h(i)$ 种取值，供给量表达式为：

$$u_i(z) = \sum_{b=1}^{h(i)} p_{i,b} z^{g_{i,b}} \tag{5.34}$$

其中，$p_{i,b} = \Pr\{G_i = g_{i,b}\}$。

将受灾地 j 中供应主体 i 和供应主体 l 用算子 $\bigotimes_{\text{sum}}$ 组合后，供给量的表达式为：

$$\bigotimes_{\text{sum}}(u_i(z), u_l(z)) = \bigotimes_{\text{sum}}\left(\sum_{b=1}^{h(i)} p_{i,b} z^{g_{i,b}}, \sum_{d=1}^{h(l)} p_{l,d} z^{g_{l,d}}\right) = \sum_{b=1}^{h(i)} \sum_{d=1}^{h(l)} p_{i,b} p_{l,d} z^{g_{i,b}+g_{l,d}} \tag{5.35}$$

由于算子 $\bigotimes_{\text{sum}}$ 满足交换律和结合律，因此整个受灾地 j 可以获得的资源供给量为：

$$U_j(z) = \bigotimes_{\text{sum}} (u_{j_1}(z), \ldots, u_{j_{|E_j|}}(z)) = \sum_{b_1=1}^{h(j_1)} \cdots \sum_{b_{|E_j|}=1}^{h(j|E_j|)} \left(\prod_{i=1}^{|E_j|} p_{j_i,b_i} \right) z^{\sum_{i=1}^{|E_j|} g_{j_i,b_i}}$$
(5.36)

其中，$E_j = \{e_{j_1}, e_{j_2}, \ldots, e_{j_{|E_j|}}\}$，$|E_j|$ 表示集合 E_j 中元素的数目。

而受灾地 j 的资源需求量表达式：

$$W_j(z) = \sum_{r=1}^{\theta_j} q_{j,r} z^{w_{j,r}}$$
(5.37)

其中，$q_{j,r} = \Pr\{W_j = w_{j,r}\}$。

执行主体自身可动员量 C 也具有多状态，可能的取值为 $c = \{c_1, c_2, \ldots, c_B\}$，表达式：

$$\eta(z) = \sum_{\beta=1}^{B} \alpha_\beta z^{c_\beta}$$
(5.38)

其中，$\alpha_\beta = \Pr\{C = c_\beta\}$

受灾地 j 供给量与需求量相互调配的表达式：

$$\Delta_j(z) = U_j(z) \underset{\Leftrightarrow}{\bigotimes} W_j(z)$$

$$= \left(\sum_{b_1=1}^{h(j_1)} \cdots \sum_{b_{|E_j|}=1}^{h(j|E_j|)} \left(\prod_{i=1}^{|E_j|} p_{j_i,b_i} \right) z^{\sum_{i=1}^{|E_j|} g_{j_i,b_i}} \right) \underset{\Leftrightarrow}{\bigotimes} \left(\sum_{r=1}^{\theta_j} q_{j,r} z^{w_{j,r}} \right)$$

$$= \sum_{b_1=1}^{h(j_1)} \cdots \sum_{b_{|E_j|}=1}^{h(j|E_j|)} \sum_{r=1}^{\theta_j} \left(\prod_{i=1}^{|E_j|} p_{j_i,b_i} \right) q_{j,r} z^{\max(0, \sum_{i=1}^{|E_j|} g_{j_i,b_i} - w_{j,r}), \max(0, w_{j,r} - \sum_{i=1}^{|E_j|} g_{j_i,b_i})}$$

$$= \sum_{\chi=1}^{F_j} \pi_{j,\chi} z^{s_{j,\chi}, d_{j,\chi}}$$
(5.39)

其中，$\pi_{j,\chi} = \Pr\{(S_j = s_{j,\chi}) \cap (D_j = d_{j,\chi})\}$。

再根据（5.28）及（5.29）得出以下指标量：

Ω 集合中受灾地的供给量与需求量关系表达式：

$$U_\Omega(z) = \sum_{f=1}^{F_\Omega} \pi_{\Omega,f} z^{s_{\Omega,f} d_{\Omega,f}}$$
(5.40)

则 N 个受灾地之间资源相互调配的表达式如下：

$$U_{\Omega \cup j}(z) = U_\Omega(z) \underset{+}{\bigotimes} \Delta_j(z) = \left(\sum_{f=1}^{F_\Omega} \pi_{\Omega,f} z^{s_{\Omega,f} d_{\Omega,f}} \right) \underset{+}{\bigotimes} \left(\sum_{\chi=1}^{F_j} \pi_{j,\chi} z^{s_{j,\chi}, d_{j,\chi}} \right)$$

$$= \sum_{f=1}^{F_\Omega} \sum_{\chi=1}^{F_j} \pi_{\Omega,f} \pi_{j,\chi} z^{s_{\Omega,f} + s_{j,\chi}, d_{\Omega,f} + d_{j,\chi}} = \sum_{f=1}^{F_{\Omega \cup j}} \pi_{\Omega \cup j,f} z^{s_{\Omega \cup j,f} d_{\Omega \cup j,f}}$$
(5.41)

依据递推公式，重复上式，直到包含所有的受灾地，也就是最终的系统，结果如下：

$$U_{\Omega_N}(z) = \sum_{f=1}^{F_N} \pi_{\Omega_N,f} z^{s_{\Omega_N,f} d_{\Omega_N,f}} \quad (5.42)$$

执行主体进行资源调配之后，整个系统供给量与需求量的表达式为：

$$\tilde{U}(z) = U_{\Omega_N,f}(z) \underset{\varphi}{\otimes} \eta(z) = \left(\sum_{f=1}^{F_N} \pi_{\Omega_N,f} z^{s_{\Omega_N,f} d_{\Omega_N,f}} \right) \underset{\varphi}{\otimes} \left(\sum_{\beta=1}^{B} \alpha_\beta z^{c_\beta} \right)$$

$$= \sum_{f=1}^{F_N} \sum_{\beta=1}^{B} \alpha_\beta \pi_{\Omega_N,f} z^{\max(0, d_{\Omega_N,f} - \min(s_{\Omega_N,f}, c_\beta))} = \sum_{f=1}^{\tilde{F}} \gamma_f z^{\tilde{d}_f} \quad (5.43)$$

最终得到执行主体的动员能力为：

$$R = \sum_{f=1}^{\tilde{F}} \gamma_f \cdot 1(\tilde{d}_f = 0) \quad (5.44)$$

四、资金约束下的模型优化

前文的模型依旧是无约束条件的，但由于上面的模型涉及在一个受灾地选择几个供应主体的问题，而由于实际动员任务中资金的限制，执行主体需要根据地理位置、每个供应主体补贴的资金及其生产能力等进行统筹考虑，科学决策每个受灾地区的供应主体数量，以求得资金和能力最优。

在无约束条件的基础上，考虑资金约束。现假设执行主体会对参与动员任务的供应主体进行资金补贴，但每一个受灾地的所有的供应主体的补贴资金是相同的，也就是说同一个受灾地中的供应主体是同质的。而不同受灾地的供应主体贴补资金则有可能是不一样的，会根据实际情况进行调整。每个供应主体的贴补资金为 f_j（j 依旧表示受灾地的数量）。则本节继续研究在一定的资金 F 下每个受灾地究竟能补贴几个供应主体，而使得执行主体的动员能力达到最大。即：

$$\max R(n_j)$$

$$\text{s.t.} \begin{cases} \sum_{j=1}^{N} f_j n_j \leq F \\ n_j \in N \end{cases} \quad (5.45)$$

第五节 算例研究

本节继续沿用第三节关于帐篷动员的算例背景。

一、算例描述

2008年汶川大地震后,受灾地区汶川、北川及映秀急需大量帐篷。国民经济动员机构继续通过业务总线将任务下发到民政部。民政部在资金的约束下,需要寻找合适的供应主体并确定供应主体的数量。动员能力框架如图5.4所示。

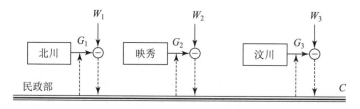

图 5.4 民政部动员能力框架图二

根据之前的研究,明确了三个受灾地的帐篷供给量、需求量、执行主体可动员量都是随机变化的。参数的取值及其对应的概率取值如表5.8所示。

表 5.8 受灾地的多状态参数表

受灾地	供给主体供给量/万顶	供给概率	单个供应主体补贴资金	需求量/万顶	需求概率
1	$g_1=[3,2,0]$	$p_1=[0.6,0.2,0.2]$	10	$w_1=[4,2]$	$q_1=[0.3,0.7]$
2	$g_2=[5,4,0]$	$p_2=[0.5,0.3,0.2]$	8	$w_2=[2,0]$	$q_2=[0.4,0.6]$
3	$g_3=[4,1,0]$	$p_3=[0.7,0.2,0.1]$	12	$w_3=[3,1]$	$q_3=[0.2,0.8]$
执行主体可动员量		$c=[4,1,0]$	概率	$\beta=[0.8,0.1,0.1]$	
总资金				100/万元	

二、执行主体动员能力求解

由于该模型与第三节同样采用 UGF 方法求解，且求解过程类似，因此，不再赘述求解过程，使用 MATLAB 求得最优解：$n_1^* = 3$，$n_2^* = 4$，$n_3^* = 2$，$R^* = 0.9911$。也就是说，在总资金 100 万元的限制下，可以在受灾地 1 选择 3 个供应主体，在受灾地 2 选择 4 个供应主体，在受灾地 3 选择 2 个供应主体进行资金补贴，可保证民政部动员能力达到最大，即动员能力为 0.9911。

因此，综上求解过程，可以知道，未来在实际国民经济动员活动中，只要可以收集到相关的数据，就可以通过这个模型，求解出任何一个执行主体的动员能力大小，并根据当年的国民经济动员管理机构的预算情况估算出可以提供资金补贴的供应主体数量，这些将会辅助国民经济动员相关的管理人员根据当时的情况做出最适合的决策。

本章小结

本章在前面章节深入探讨集成动员业务总线的基础上，对业务总线中执行主体的动员能力进行了探讨。

一方面，本章对执行主体动员能力进行了理论探讨。第一，提出了执行主体的动员能力概念，即通过一系列的资源调配计划对供应主体进行调控，以保证供应主体按照时限、质量和数量等要求实现动员资源供给的可能性。第二，从内部原因和外部原因两方面分析了执行主体多状态根源，认为内部原因包括执行主体本身行政能力的限制、分工过程中存在的"模糊"区间和应战应急资源存量的动态变化等；外部原因包括供应主体自身能力的多状态、上下游供应主体间的多状态、资源需求方的多状态，以及外部环境的多状态等。

另一方面，基于多状态特征，引入了 UGF 方法，对执行主体动员能力进行了定量分析。构建了没有任何约束条件下的执行主体动员能力评估模型，并通过汶川地震的帐篷算例求解出了民政部的动员能力大小，并给出了四组对比分析数据，分别阐述了需求地的需求量、供应主体的供给量、供给概率，以及民政部本身可动员量对民政部动员能力大小的影响，并有针对性地给出了相应的建议。在此基础上，构建了在资金约束下的执行主体动员能力 UGF 模型，通过帐篷算例分析给出了模型的最优解，得到了在固定经费投入下，执行主体动员能力最大的情况下，供应主体的最大补贴数量。因此，通过这两个通用模型，在不同的国民经济动员任务中，只要采集到相应的数据，就能根据模型计算出涉及部门的动员能力大小，为国民经济动员相关决策提供有力支撑。

第六章
供应主体链动员能力评估

第五章分析了执行主体在其职权范围内的动员能力，即通过供应总线调配资源以满足动员需求的能力，阐述了评估执行主体动员能力的 UGF 方法，并通过 UGF 构建了相应的评估模型。通过分析，不难发现，尽管执行主体可以借助供应总线来针对特定资源进行优化调度，以实现应战应急资源保障的目标，但是，执行主体的动员能力也取决于供应主体的动员能力。供应主体是完成国民经济动员所承担的应战应急资源保障任务的直接主体，所以，对供应主体动员能力进行评估确属必须，且非常重要。

就具体的资源保障活动而言，在社会化大生产的分工协作条件下，所有的供应主体都被组合到社会化的分工协作网络，其角色是应战应急资源保障网络中的一个环节，或者一个节点。完整的应战应急保障活动在逻辑上表现为一个在特殊约束条件下、按照特殊规则运行的供应链，而在实体的物理层面则表现为一个按照生产技术特点和技术要求组成的复杂网络。为了分析这个复杂网络，可以从中抽取不同的链路分别进行分析，所以，本章将分析由若干个供应主体组成的供应主体链的动员能力。

这种分析思路正是集成动员理念的具体化，因为集成动员是面向任务的动员模式，区别于传统的面向行业的动员模式，因此，集成动员特别重视供应主体之间的链路，而不是仅仅关注某个供应主体或者某个行业的动员能力。事实上，完成任何一项国民经济动员任务，都需要不同行业的协同，由不同行业的具体供应主体相互协作，建立一条链路，这就是集成动员供应链。由于本章着重分析供应主体之间的链路，所以将其称为供应主体链。供应主体链这个概念与集成动员供应链概念的差别仅仅在于着眼点不同，并无本质区别。

本章将聚焦供应主体链的动员能力分析。一方面，从理论上分析由若干个供应主体组成的供应主体链的动员能力，包括阐述供应主体间的链接方式，分析供应主体链的随机性根源以及明确供应主体链动员能力的概念。另一方面，对供应主体链动员能力进行定量分析，包括构建通用的供应主体链动员能力评估模型；通过汶川地震动员活动板房的案例研究，分析具体的供应主体链的动员能力，以验证模型的正确性及可靠性。

第一节 供应主体链动员能力的理论分析

本节将从理论上阐述供应主体动员能力，为下文对其进行数学建模打下理论基础。主要从三个方面阐述供应主体的动员能力：第一，阐述供应主体间的链接方式；第二，分析影响供应主体链随机性的因素；第三，明确供应主体链动员能力的概念。

一、供应主体职能分类及链接方式

由于本书探讨的是供应主体链的动员能力，那么研究之初就必须明确供应主体链涉及的供应主体类型及供应主体间的链接方式。

（一）供应主体的职能分类

供应主体是直接完成国民经济动员的应战应急资源保障任务的企事业单位及其他社会组织等，并且，从类型上将其分为生产型企业、服务型企业和其他社会组织。

本节着眼于完成国民经济动员的应战应急资源保障任务的具体活动，按照供应主体在动员活动中的不同职能，再对供应主体进行细化分类，为后文的分析奠定基础。具体的应战应急资源保障活动，涵盖从原材料供应到最终产品生产、运输、分发等多个环节，所以，集成动员的供应主体的范围自然也涵盖了这些不同的环节，包括在所有这些环节完成具体任务的所有供应主体。当然，在具体的应战应急资源保障活动中，参与的供应主体之多寡，每个主体参与时间之长短，都是动态变化的，一方面随着外界环境和条件的变化而变化，另一方面也随着完成国民经济动员任务的进展程度而变化。

从这个角度来看，集成动员供应主体链应该包括以下三类供应主体。

（1）原材料供应主体：主要指为最终产品生产提供原材料或中间制品的供应主体。这是一个广泛的主体分类，并不局限于上一级或者初始原材料供应主体，而是涵盖了链接在最终产品生产供应主体之前的所有供应主体，其具体层级随国民经济动员任务完成情况的变化而发生改变。

原材料供应主体通常主要以最终产品生产主体自有供应链中的上游原材料供应商为主，根据任务情况进行相应的主体数量增减。如动员级别高，时间紧、任务重、压力大，最终产品生产主体自有供应链无法按照要求完成动员任务时，则由集成动员管理层中被集成动员管理总线集成在一起的执行主体加以干预或者配合，增加原材料供应主体数量，以增强对最终产品生产主体的支撑力度，确保其完成应战应急资源最终产品生产任务。反之，则可以由最终产品生产主体自主减少原材料供应主体数量，或者，通过集成动员管理层的协调，用富余的原材料供应能力支援完成同类任务的其他最终产品生产主体的原材料供应保障。

（2）最终产品生产或服务型供应主体：它是最重要的供应主体，在供应主体链中起主导作用，主要包括国民经济动员任务中最终产品的生产制造，如帐篷生产企业，或者是提供服务功能的服务型供应主体，如医院提供的医护人员等人力资源。

在实际工作中，为了确保完成任务，通常选择大型国有企事业单位，或者在国民经济动员机构指导下建立了国民经济动员中心的其他企事业单位担当这类主体。这是因为国有大型企事业单位的资源供给能力较强，并且政府对其掌控力也强；同时，国有大型企事业单位的国防意识和社会责任感也通常高于其他企事业单位。而建立了动员中心的其他企事业单位在国民经济动员准备方面具有优于其他企事业单位的基础，能够快速响应国民经济动员要求，因为这本来就是建立国民经济动员中心的初衷。这里需要说明的是，"国有大型企事业单位"与"建立国民经济动员中心"并不是互斥的选项，因为有些国民经济动员中心就建立在国有大型企事业单位。

相比较以上两类企事业单位，其他企事业单位则排在其后，但是，并非从理论上排序这类企事业单位。因为国民经济动员是国家行为，体现的是国家意志，所有在中华人民共和国从事经营活动的企事业单位都有义务服从国家意志。列出这个优先顺序只是为了在工作中能够快速响应国家的国民经济动员要求，尽快形成应战应急资源保障体系。

（3）物流型供应主体：物流型供应主体主要包括两类。一类是指最终产品生产完成前，保障资源在构成集成动员供应链的不同环节的各类供应主体之间转运，以及最终产品生产完成后，将资源运输到指定需求地点的运输主体。另一类是仓储型供应主体，包括政府设立的各类物资储备库以及一些大型仓储企业，如九州通医药物流集团及其所属各物流企业。由于仓储型供应主体只负责储备物资，本身的动员能力变动不大，因此，本书不对它做重点研究。

（二）供应主体间的链接方式

从集成动员供应主体的分类可以发现，它们分别处于集成动员供应链的不同环节，而生产或服务要素在不同环节之间的流动，自然就会将这些供应主体链接起来，从而形成实际意义上的集成动员供应链，在逻辑上表现为各个工序前后相继的链条。这是由社会化大生产的分工协作机制和现代生产的技术特点决定的。

从资源的流动过程入手，探讨各供应主体间的不同链接方式，进而形成完整的供应主体链的拓扑结构。供应主体间主要有以下几种链接方式。

（1）一对一的串联式链接。

这种是最基本的链接方式，就是按照应战应急资源生产过程中或资源直接调拨过程各个前后相继的环节直接链接，并且是一对一的链接，比如，铁矿石开采企业——钢铁冶炼企业——轧钢企业——机械加工企业之间的链接，即一个供应主体对应且仅对应上下游一个供应主体。而在资源调拨过程中，则表现为机械生产企业——物流运输企业——物资分发机构这种形式。这种一对一的串联直接体现了应战应急生产过程中的相互依赖关系，也是集成动员中供应主体间链接的主线，其链接方式如图6.1所示。

在这种链接模式下，被选定的供应主体通常都是具有较大动员能力和较强动员意识的骨干供应主体，如在京津冀国民经济动员协同保障机制建设过程中确定的重点建设单位等，它们是完成国民经济动员任务的最有力

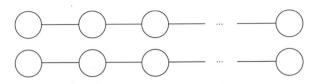

图 6.1 一对一的串联式链接

保障。比如，在 2015 年"8·12 天津滨海新区爆炸事故"的应急救援活动中，作为京津冀国民经济动员协同保障重点建设单位的唐山化学厂就迅速响应政府的需求，及时为救援活动提供防毒面具等应急资源。

集成动员供应主体链的其他链接方式都是在这种最基本方式上的扩展，所以，这种基本的链接模式是集成动员供应主体链的核心。因此，集成动员管理层在建立和完善集成动员供应层时需要特别重视这条基础主线，一定要保障这条主线的完整和高效运作。只有如此，才能保障应战应急资源保障的主渠道不中断。

（2）一对多的发散式链接。

这种链接方式是串联式链接方式的扩展，之所以会拓展形成这种链接方式，主要有以下两种情况。

第一，由于某些供应主体的供给能力受季节、生产周期或其他原因的制约，供应量受到制约，如面粉加工所需的原材料是小麦，而小麦本身具有不可缩短的生产周期，即小麦的生长周期。所以，非收获季节要获得小麦这种原料，只能找仓储企业，而应战应急这种突发需求往往超出了正常的商业储备量，所以，为了弥补单个仓储企业原材料供给能力的不足，下游供应主体需要寻找多个原材料供应主体来确保自身的供应能力。

第二，单个供应主体加工能力不足，无法满足应战应急这种跃迁式的紧迫需求。例如，上海市国民经济动员办公室在建设国民经济动员保障基地时，为保障军队热食供应，同时动员了宝钢集团和华东师范大学后勤集团为部队加工热食，这是因为其中任何一方都不具有单独承担这项任务的能力。此外，战时为了确保重要资源的生产或者供应，必须确保供电万无一失，某些供应主体可能采用多路供电的方式，此时表现为多个电力供应主体与资源生产供应主体之间的发散式链接。

这种情况就表现为多个功能相同的供应主体共同完成相应的生产或者服务任务，在图像上就像一条线经过一个点在外发散了多条线，因此，本书称这种链接方式为"发散式"链接方式，如图 6.2 所示。

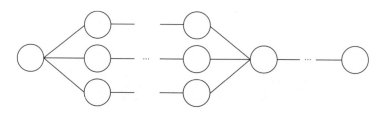

图6.2 一对多的发散式链接

（3）多对多的网络式链接。

采用多对多的网络式链接方式一方面是出于与一对多的发散式链接相同的理由，即为了弥补加工和服务能力的不足，但更重要的另一方面是为了防止集成动员供应主体链遭遇损毁。这种损毁在应战动员中表现得尤为突出，敌对双方肯定都会千方百计地破坏对方的应战资源保障渠道，即对方的后勤补给线，从官渡之战到抗美援朝莫不如是。在应急过程中也同样面临着集成动员供应链遭遇损毁的风险，比如汶川地震发生之初，通往灾区的交通设施全部损毁，彻底切断了应急资源供给的渠道，甚至想要了解灾情，都需要空降战士。同样是发生在汶川地震中的例子，四川绵阳某核技术研究机构的供电中断，需要燃油供电，最后通过经济动员系统才找到了解决燃油供应的途径。

多对多的网络式链接在某个链条断裂无法运行时，依旧可以维持供给主体间的正产链接，维持资源保障活动的不间断运行，并为修复被损毁的链条争取时间。因此，集成动员供应主体间多对多的网络式链接是非常重要的，能大大提升集成动员的安全稳定性，其链接方式如图6.3所示。

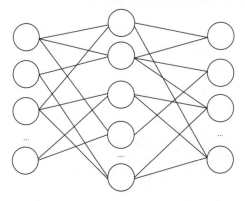

图6.3 多对多的网络式链接

(4) 跳接式链接方式。

这种链接方式较为少见，但并不是没有，它也是国民经济动员实践中确实存在的一种链接方式。比如，正常的炮弹药筒生产过程中必然存在一个喷漆工序，这个环节的作用是防止炮弹药筒在储存过程中生锈，但是，一旦发生战争，短时间需要大量炮弹药筒，那么，为了节约成本，提高效率，就可以省略喷漆环节，因为不喷漆完全不影响炮筒的使用。实际上，有些动员演练就是这么做的。所以，这种情况下，如果一家企业生产则表现为生产工序之间的跳接，如果这道工序是由另外的厂家完成（在军工生产中这种情况很常见），就会表现为不同供应主体间的跳接。

另外一种情况是不同供应主体间可能采用不同的技术，表现为某些环节在这个供应主体的供应链中存在，在另外的供应主体的供应链中不存在，所以，不同技术也会形成跳接的链接方式。比如同时执行"煤制油"任务，神华集团在内蒙古的液化项目是直接液化工艺，即煤直接变成了油；而内蒙古伊泰煤制油有限公司采用的是间接液化工艺，即煤先变成煤气，煤气再变成油。这个任务中，神华集团的不同工序之间的链接就是跳接式，如图 6.4 所示。

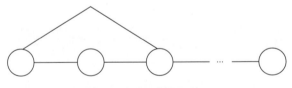

图 6.4　跳接式链接方式

（三）供应主体链的拓扑结构

通过上文阐述的四种供应主体间链接方式可以看出，整个供应主体链的拓扑结构就是由这几种链接方式组合在一起的，从而形成一种复杂的网络结构。本书将供应主体链拓扑结构抽象描述，如图 6.5 所示。

当然，虽然拓扑结构是网状，但是它的逻辑接续依旧是链条，因而，下文在评估整个供应主体链的动员能力时是以链条为单位进行评估的。

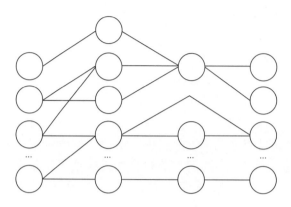

图 6.5 供应主体链的拓扑结构

二、供应主体链的随机性分析

上一章已经分析了供应主体的自身供给能力的随机性，在此不再赘述。本章的着眼点不再是单个供应主体的供应能力，而是由一系列供应主体构成的供应主体链整体的供应能力，所以，本章讨论评估供应主体链的动员能力时聚焦供应主体间的链接，也就是以资源流转过程为研究对象。

由供应主体间的链接类型可以看出，供应主体链运行于复杂的内外部环境中，链接状态复杂，并且内外部环境多变，因此，整体的供应主体链会表现出一定的不确定性和随机性。当然，唯其如此，本书才会特别关注其动员能力评估的问题。

1. 由外部环境引发供应主体链的随机性

国民经济动员活动主要针对战场、大型及特大型突发事件，包括自然灾害、事故灾难以及公共卫生事件等，其所处环境与常态下的社会环境相比复杂且多变。自然灾害、事故灾难等重大突发事件，如 2008 年发生的南方雨雪冰冻灾害和汶川大地震等对道路交通基础设施产生了巨大的影响，主干运输道路失效及损毁等都会对物流造成不利影响，进而影响供应主体间在工序上的前后接续，使得供应主体链的整体运作产生不确定性。这是因为供应主体链各环节间的实质性链接要通过资源实体的流转才能实现。例如，2008 年汶川地震，救灾初期最大的障碍在于通信，灾区的所有交通运输通道统统失效，公路不通、水路也不通，航空设施受损。所以，无论是救灾物资供应链，还是救灾服务链都被外部因素切断了。

在供应主体链表现为复杂网络的情况下，可供选择的链路可能不止一条，有时不会对国民经济动员活动产生太大的影响，但有时可能对国民经济动员的影响非常巨大。这是在分析供应主体链的动员能力时不得不充分重视的问题。也就是说，外部环境会对供应主体间链接的安全可靠性和运转效率高低产生影响，并直接影响集成动员的资源保障效率，表现为供应主体链的动员能力降低。

2. 由物流型供应主体自身变化引发供应主体链的随机性

上面分析的是由外部环境变化，尤其是战争中的军事打击和突发事件救援中的灾害损毁，导致基础设施损毁，对集成动员供应主体链的动员能力的影响。除此以外，物流型供应主体自身的变化也会引发集成动员供应主体链的随机性，进而影响集成动员供应主体链的动员能力的随机性。

由于供应主体间物料或服务的流转都是要靠物流型供应主体来承担，因此，物流型供应主体的供给能力的变化必然会引发环节链接的变化。每个地区的物流型供应主体的数量、每个物流型供应主体的保障能力都各不相同，一旦面临大规模的国民经济动员任务，就极易因此形成短板，最典型的就是运输车辆数量少、吨位小等，而从别的地区抽调运输车辆需要时间，此时相邻环节物料供给速度降低，必然会降低动员能力。例如，2008年南方雨雪冰冻灾害时，由于供电中断，铁路所有电力牵引机车都无法开动，表现为铁路运输中断，救灾所需的运输能力无法满足需求。为此，国家紧急调拨内燃机车来予以补充，最后从西部调集了内燃机车并自带油料来完成这个任务，但是，这种调度需要时间，备足油料需要时间，内燃机车通过铁路网到位也需要时间。在内燃机车到位之前，南方物流型供应主体的供应能力受到了极大的制约，无法满足救灾的需求，从而极大地影响了集成动员供应链的动员能力。

3. 由设备设施占用引发供应主体链的随机性

国民经济动员活动的本质是动员国民经济。动员国民经济体系，即通过改变国民经济体系中现存资源的配置来增加应战应急资源的超常规供给能力。但是，理论上国民经济体系不应该存在闲置资源（除非是专门储备的资源），所以，这种调度有时会遭遇设备设施被占有的障碍。如果关键的设备设施被占用，就会导致集成动员供应主体链的运作受阻，从而降低集成动员供应主体链的供给能力。例如，北京需要动员调用挖掘机，但是当地登记在册的挖掘机只有一部分能够马上投入使用，另一部分挖掘机已经被其所有者派往全国各地的工地，不能马上到位。这时候，只能一方面由政府通过行政权限征召这些挖掘机到现场服务,另一方面请求邻近省市予以支援。

不论是哪种措施,在动员刚刚开始的时候设备设施占用都导致了集成动员供应主体链的供应能力下降。而这种动员能力下降又是随机发生的,事先并不了解(除非面对国民经济动员任务,政府及其国民经济动员机构都没有理由干预企业的设备和设施的合理、合法运用,自然也无须了解其动态情况),所以,设备设施占用也是引发集成动员供应主体链随机性的一个重要原因。

4. 由环节间匹配引发供应主体链的随机性

集成动员供应主体链是一个在面临国民经济动员任务时临时组建的供应链,它固然以核心供应主体平时的供应链为基础,但如果核心主体平时的供应链能够满足需求,集成动员活动也就简单了,只不过是下达指令,政府采购订货这些例行的操作而已。但本书要讨论的恰恰不是这种可以简单应对的应战应急资源保障活动,而是时限很紧,要求很严,并且可能面临需求跃迁式剧增,甚至原有的供应链遭遇损毁情况下的应战应急资源保障问题。在这种情况下,往往需要临时组建全新的应战应急物资供应链,所以,这个供应链环节间的匹配就成为不可忽视的问题。

通常,按照经济原则组建,按照商业规则运行的供应链都经过了长期磨合、不断调整与持续改进,其运行效率和匹配程度都经受过长期的考验;但临时组建的应战应急资源保障供应链并没有经历过这种磨合、调整与改进,往往会存在匹配上的问题,具体表现为供应主体链上的各个参与主体间在协同与配合上发生龃龉,无法使供应主体链高效运作,从而降低国民经济动员能力。比如,2011年3月11日,日本当地时间14时46分,日本东北部海域发生9.0级地震并引发海啸,造成重大人员伤亡和财产损失。中国按照国际惯例向日本提供了人道主义援助,但是,中国提供的人道主义援助物资居然没有人负责分发,致使中国的援助物资没有及时发挥作用,极大地降低了中国对日本的人道主义援助性应急资源保障能力。从结果来看,这就降低了这次应急资源保障活动的效果,可以认为损害了这次国民经济动员活动所应体现的动员能力。

三、供应主体链动员能力的概念

集成动员的多类供应主体,以特定的资源保障任务为导向,通过多种方式链接，形成具备应战应急资源保障功能的网络结构体，这就是集成动员的供应主体链。

集成动员供应主体链的理想动员能力，就是各个环节的供应主体都满负荷开工，并且，所有链接环节畅通无阻，各供应主体的产能都完美匹配时的应战应急资源保障能力。但是，这只是理想状态，或者说集成动员供应主体链的设计纲领。实际上，即使在正常经济社会秩序条件下的平时工业生产也很难达到百分之百的开工率而不存在不确定性。比如，丰田公司的"丰田生产模式"以"准时生产"为标榜，其汽车组装流水线是先进制造业的典型代表，但是，其生产线上的"叮咚"装置就是为了随时叫停流水线而设计的。在其组装过程中，如果出现异常情况，各个工位的工人随时都可以拉响警报，让流水线停下来，处理完异常情况以后再恢复正常运行。2013 年，笔者在丰田公司元町组装厂调研时，正好目睹了其生产线因出现异常，工人拉响警报而叫停流水线的实例。也就是说，尽管丰田公司处理流水线异常的能力很强，流水线也很快就恢复了正常运行，但是，异常情况还是不可避免。

组建集成动员供应主体链的办法有两种。一种是以平时有国民经济动员准备的核心供应主体为龙头。如果其平时供应链在应战应急时依旧有效，则按照平时编制的国民经济动员预案，根据国民经济动员需求对其平时供应链进行拓展以提高产能；如果平时供应链已被损毁，则对其供应链进行修复或者重组。另一种是以平时没有国民经济动员准备的核心供应主体为龙头，根据国民经济动员需求，按照行业技术特点和生产要求临时组建其供应链。前文已经指出，集成动员供应主体以及集成动员供应主体链都存在不确定性，相比较而言，采用第一种办法组建的集成动员供应主体链的不确定性可能要小一些，采用第二种办法组建的集成动员供应主体链的不确定性要更大一些。但是，无论采用哪种办法组建的集成动员供应主体链，其不确定性都要高于正常条件下的生产活动。

所以，集成动员供应主体链的动员能力评估必须充分注意其不确定性问题。评估供应主体链动员能力，本书需要考虑的是：供应主体间是否可以顺利形成链接通路，链接路径的效率如何，以及在这种链接状态下最终环节能够形成多大的资源保障能力。

由于集成动员供应主体链的不确定性可能发生在各种不同的情境中，为了简化讨论，下文将以物资或者服务在各类供应主体间按照次序流转过程为线索，建立数学模型来分析集成动员供应主体链的不确定性，以及集成动员供应主体链的动员能力评估问题。

由于存在不确定性，物资或服务等资源在各类供应主体间按序流转时，每个环节的链接都会出现多个状态，即流转能力大小不同，不同流转能力出现的概率也不同，最终每条单链会以不同的可能性形成多种不同的流转能力。本书所要评估的集成动员供应主体链动员能力就是每条单链达到最大流转能力的可能性。

接下来的研究，以具体的单链为基本单元，一个供应主体链的网络结构中有若干条单链，而这些单链都有各不相同的动员能力。

第二节 供应主体链动员能力评估

通过前面的阐述，明确了供应主体间链接的随机性会导致其动员能力发生变化。那么，本节将继续采用通用生成函数法探究供应主体链动员能力的具体变化。

一、建模假设

为了简化研究，也为了便于说明问题，本书对模型做如下假设。

第一，聚焦供应主体间链接的随机多样性。建模仅考虑供应主体间链接的随机性，而对于供应主体本身不再做更多研究（关于供应主体本身的分析请见前一章）。

第二，同类供应主体都是同质的，不再细致地考虑它们之间的细微差别。

第三，由于库存会造成上下游供应主体间运转资源的数量变化，因此，模型假设下游的供应主体只接收上游供应主体流转的资源，其本身并无库存。

虽然做出了以上几个假设，但并不损害本书所建立的供应主体链的动员能力评估模型的通用性。对该模型进行研究所得出的结论，可以通过逻辑手段推广，用于评估不同类型和不同种类的供应主体链的动员能力。

二、模型描述及构建

（一）模型描述

无论有多少类供应主体相连，其基本的网状结构不会发生改变。因此，在本次模型构建中，本节考虑由四类供应主体相连形成四级供应主体链，包含 A、B、C、D 四类供应主体。其中 A 类供应主体有 A_1，A_2，…，A_L 等 L 个；B 类供应主体有 B_1，B_2，…，B_M 等 M 个；C 类供应主体有 C_1，C_2，…，C_N 等 N 个；D 类供应主体有 D_1，D_2，…，D_Q 等 Q 个。整个供应主体链的结构如图 6.6 所示。

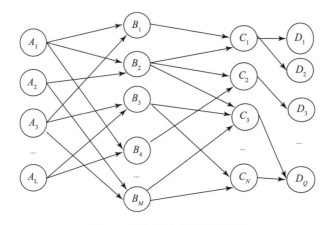

图 6.6　四级供应主体链结构图

为了研究的方便，本节将模型所有的供应主体统称为节点，且上级节点称为节点 e，下级节点称为节点 f；而供应主体间的连接线统称为弧，表示为弧 ($e-f$)。因此，从图 6.6 的结构模型可以看出，整个供应主体链由多条链构成，而每条链又由节点 e、节点 f 和连接弧 ($e-f$) 构成，两者之间形成典型的串联关系。节点 e 表示各个供应主体内部的活动，如生产原材料、生产成品、提供服务等，而弧 ($e-f$) 则代表动员任务所需的资源在各类供应主体之间的流转，相当于资源的运输过程，例如原材料类供应主体将原材料运送给最终成品生产类供应主体，而后由最终成品生产类供应主体将成品运送给产品存储类供应主体或需求地等。

本节将起始节点与邻接弧 ($e-f$) 组合起来，将它们构成供应主体链的基本单元,表示为 $[e,f)$。但是,链式结构必然存在最后一个节点没有后续连接弧。因此,将对没有后续连接弧的最终节点(D类供应主体)做如下解释。假设 D 类供应主体的后续连接弧存在,但有且仅有一条。并且,由于供应主体链的动员能力是以供应主体间有效连接为前提的,由此,继续假设 D 类供应主体的后续连接弧只有完全有效一个状态。那么,D 类供应主体的基本单元表示为 $[d,)$。

通过以上描述,可以知道 A 类供应主体与 B 类供应主体之间的连接弧、B 类供应主体与 C 类供应主体之间的连接弧以及 C 类供应主体与 D 类供应主体之间的连接弧就是在上一节提到的供应主体链的随机性来源,即连接弧具有多个状态,它也是供应主体链动员能力发生变化的原因。

(二) 模型构建及求解

继续运用 UGF 方法对供应主体链动员能力评估模型进行如下构建。

由于基本单元 $[A_i,B_j)$、$[B_j,C_k)$、$[C_k,D_t)$ 有多种状态,因此,它们的运转能力 G_{ef} 分别有 H、S、W 个不同的取值,分别表示为 $g_{A_iB_j} = \{g_{A_iB_j,1}, g_{A_iB_j,2}, \cdots, g_{A_iB_j,H}\}$,$g_{B_jC_k} = \{g_{B_jC_k,1}, g_{B_jC_k,2}, \cdots, g_{B_jC_k,S}\}$,$g_{C_kD_t} = \{g_{C_kD_t,1}, g_{C_kD_t,2}, \cdots, g_{C_kD_t,W}\}$,则基本单元 $[A_i,B_j)$、$[B_j,C_k)$、$[C_k,D_t)$ 的流转能力分别为:

$$u_{A_iB_j}(z) = \sum_{h=1}^{H} p_{A_iB_j,h} z^{g_{A_iB_j,h}} \quad (6.1)$$

$$u_{B_jC_k}(z) = \sum_{s=1}^{S} p_{B_jC_k,s} z^{g_{B_jC_k,s}} \quad (6.2)$$

$$u_{C_kD_t}(z) = \sum_{w=1}^{W} p_{C_kD_t,w} z^{g_{C_kD_t,w}} \quad (6.3)$$

其中:$1 \leq i \leq L, 1 \leq j \leq M, 1 \leq k \leq N, 1 \leq t \leq Q$。

$p_{A_iB_j,h} = \Pr\{G_{A_iB_j} = g_{A_iB_j,h}\}$,表示运转能力 $G_{A_iB_j}$ 能够以 $p_{A_iB_j,h}$ 的概率运转 $g_{A_iB_j,h}$ 的可能性大小。

$p_{B_jC_k,s} = \Pr\{G_{B_jC_k} = g_{B_jC_k,s}\}$,表示运转能力 $G_{B_jC_k}$ 能够以 $p_{B_jC_k,s}$ 的概率运转 $g_{B_jC_k,s}$ 的可能性大小。

$p_{C_kD_t,w} = \Pr\{G_{C_kD_t} = g_{C_kD_t,w}\}$,表示运转能力 $G_{C_kD_t}$ 能够以 $p_{C_kD_t,w}$ 的概率运转 $g_{C_kD_t,w}$ 的可能性大小。

以图 6.6 中基本单元 $[A_i,B_j)$ 为例,对其多状态进行具体定义,其他两段弧与之类似，在此不再赘述。

$$g_{ef} = \begin{cases} 1 \\ 2 \\ \vdots \\ R \end{cases} \quad 当 e \in \{A_i, 1 \leq i \leq L\}, f \in \{B_j, 1 \leq j \leq M\}$$

其中，抽象的 1，2，⋯，R 分别表示资源在 A 类和 B 类供应主体间的流转能力，具体如表 6.1 所示。当然，抽象的字符 r 可以根据实际需要将其转化为具体的流转能力指标。

表 6.1　基本单元 $[A_i, B_j]$ 状态含义说明

状态	含义
1	A、B 类供应主体间无法进行资源流转
2	A、B 类供应主体间资源流转能力是最大流转能力的 0~20%
3	A、B 类供应主体间资源流转能力是最大流转能力的 20%~40%
R	A、B 类供应主体间资源的最大流转能力
r	A、B 类供应主体间资源的随机流转能力

此外，根据假设，由于基本单元 $[D_t,)$ 有且只有一条有效连接弧，因此，$\Pr(g_{D_t}) = 1$，不存在多个状态，因此，后文将不再考虑 $[D_t,)$ 这个基本单元，只考虑基本单元 $[e, f]$。

由于单链 $A_iB_jC_kD_t$ 由三段连接弧构成，因此，需要采用递推公式分两步计算单链 $A_iB_jC_kD_t$ 的流转能力。

①计算环节 $A_iB_jC_k$ 的流转能力：

$$\begin{aligned} U_{A_iB_jC_k}(z) &= u_{A_iB_j}(z) \otimes u_{B_jC_k}(z) \\ &= \sum_{h=1}^{H} \sum_{s=1}^{S} p_{A_iB_j,h} p_{B_jC_k,s} z^{(g_{A_iB_j,h}, g_{B_jC_k,s})} \\ &= \sum \pi_{A_iB_j,h,B_jC_k,s} z^{(g_{A_iB_j,h}, g_{B_jC_k,s})} \end{aligned} \quad (6.4)$$

其中，$\pi_{A_iB_j,h,B_jC_k,s} = \Pr\{(G_{A_iB_j} = g_{A_iB_j,h}) \cap (G_{B_jC_k} = g_{B_jC_k,s})\}$。

②计算单链 $A_iB_jC_kD_t$ 的流转能力：

$$\begin{aligned} U_{A_iB_jC_kD_t}(z) &= U_{A_iB_jC_k}(z) \otimes u_{C_kD_t}(z) \\ &= \sum_{h=1}^{H} \sum_{s=1}^{S} \sum_{w=1}^{W} p_{A_iB_j,h} p_{B_jC_k,s} p_{C_kD_t,w} z^{(g_{A_iB_j,h}, g_{B_jC_k,s}, g_{C_kD_t,w})} \\ &= \sum \pi_{A_iB_j,h,B_jC_k,s,C_kD_t,w} z^{(g_{A_iB_j,h}, g_{B_jC_k,s}, g_{C_kD_t,w})} \end{aligned} \quad (6.5)$$

其中，其中，$\pi_{A_iB_j,h,B_jC_k,s,C_kD_t,w} = \Pr\{(G_{A_iB_j} = g_{A_iB_j,h}) \cap (G_{B_jC_k} = g_{B_jC_k,s}) \cap (G_{C_kD_t} = g_{C_kD_t,w})\}$。

则，每条单链 $A_iB_jC_kD_t$ 的流转能力即为公式 6.5。

通过公式 6.5 可以得到每条单链对应的最大流转能力，进而最终确定每条单链达到最大流转能力的可能性，这种可能性称为理想动员能力评估值，为：

$$R = \Pr\{g_{A_iB_jC_kD_t} = \max(g_{A_iB_jC_kD_t})\} \tag{6.6}$$

当然，根据国民经济动员的实际活动，由于资源需求也有可能出现偏差，导致所需的资源量有可能小于需要流转的资源量。鉴于此，对模型进行进一步限定，计算单链实际流转能力达到其最大流转能力 80% 以上的可能性，这种可能性称为满意动员能力评估值，即：

$$R = \Pr\{g_{A_iB_jC_kD_t} = 0.8 \times \max(g_{A_iB_jC_kD_t})\} \tag{6.7}$$

第三节 案例研究

下面继续以 2008 年 5 月 12 日发生的汶川特大地震为背景，进行案例研究。汶川特大地震波及范围广，灾后需紧急安置 1 500 余万人民群众，而较之帐篷，活动板房更容易搭建且稳定性比较高，因此，它成为灾后过渡性安置中重要的应急资源之一。本节就将以活动板房动员任务为案例，验证第二节中提出的供应主体链动员能力评估模型。

一、案例描述

（一）案例背景

2008 年 6 月 5 日，国家住房与城乡建设部提出在三个月的时间内建设 100 万套活动板房的目标。任务下达后，各相关部门动员了 230 余家活动板房动员企业迅速开展活动板房的动员生产、调运活动。而经后期审计，活动板房的实际需求量约为 70 万套。

生产活动板房，需要保证相关原材料的供应。通过资料调研发现，建造活动板房最为重要的上游原材料为碳素结构钢中的 Q235 钢，Q235 钢最重要的上游原材料为碳素钢板坯，碳素钢板坯上游最重要的原材料为铁矿石。但考虑到动员任务的急迫性及生产的实际流程，在不影响对动员能力进行评估的情况下，本例以碳素钢连铸板坯—碳素结构钢的 Q235 钢—活动板房三级供应主体链为核心。

（二）案例描述及数据采集

1. 案例描述

现在假设有三个碳素钢连铸板坯供应主体，分别表示为 A_1、A_2 及 A_3，有四个 Q235 钢供应主体，表示为 B_1、B_2、B_3 及 B_4，三个活动板房成品供应主体，表示为 C_1、C_2 及 C_3，最终的活动板房成品都会供给汶川一个受灾点 D，则整个供应主体链的拓扑结构如图 6.7 所示。

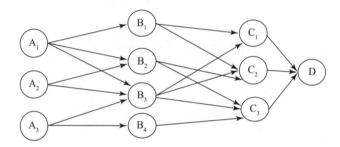

图 6.7 活动板房供应主体链拓扑结构

地震后，进入汶川的公路、铁路均遭受不同程度的破坏和损毁，造成其通行能力下降。由于汶川地震强度大，受灾面积广，运输需求大，运输工具也非常紧张。因此各类供应主体之间的物资流转通路的联通程度千差万别，即资源流转能力存在多状态特性。此外，实际生产加工过程中，由于供应主体 A、B 均为生产活动板房所需的上游原材料生产者，它们都需要对自己获得的原材料进行加工以后，才能流转到下一个环节，在这个过程中会产生一定量的原材料损耗。因此，弧 A_iB_j 和弧 B_jC_k 的流转能力需要同时乘以相应原材料的转换率，才能保证最终活动板房供给数量的准确性。

2. 数据收集

根据调查，汶川地震中供给的活动板房主要规格为每 20 平方米/套，属于可拆卸安装的，因此运输能力是以板材的平方米数来衡量的，在此基础上对活动板房的套数进行换算。

经过统计调查，一般水平的活动板房的碳素结构钢用量约为每平方米

30～35千克，考虑到生产过程中切割、炼化等冗余情况，案例将活动板房的碳素结构钢用量设定为35千克/平方米，则生产一套活动板房约需0.7吨碳素结构钢。每单位原材料碳素钢连铸板坯经炼轧工艺流程转化为碳素结构钢，原材料转化率约为95%～97%，本案例中转化率统一采用95%这个值。本节选取了河北省多家钢材动员企业作为参考依据，经过数据统计测算，紧急生产状态下碳素结构钢最大生产能力为每天1 000～4 000吨，而碳素钢板坯紧急动员生产状态下，最大生产能力为每天2 000～5 500吨。

根据前面的研究，到达受灾地的各个环节的流转能力都是随机变化的。那么，根据图6.7的链接方式，对各段的流转能力赋以具体的数值，以便直接进行数学计算。综合上面的测算数据，基本单元$[A_i, B_j)$、$[B_j, C_k)$、$[C_k, D)$的流转能力参数及其相对应的概率分别如表6.2、表6.3及表6.4所示。

表6.2 基本单元$[A_i, B_j)$的流转能力及相应概率

基本单元$[A_i, B_j)$	流转能力/吨	概率
$[A_1, B_1)$	$g_{A_1B_1} = [2\,000, 1\,500, 1\,000]$	$p_{A_1B_1} = [0.6, 0.3, 0.1]$
$[A_1, B_2)$	$g_{A_1B_2} = [2\,000, 1\,000, 600]$	$p_{A_1B_2} = [0.6, 0.3, 0.1]$
$[A_2, B_2)$	$g_{A_2B_2} = [2\,500, 2\,000, 1\,000]$	$p_{A_2B_2} = [0.7, 0.2, 0.1]$
$[A_1, B_3)$	$g_{A_1B_3} = [1\,500, 1\,000, 300]$	$p_{A_1B_3} = [0.6, 0.3, 0.1]$
$[A_2, B_3)$	$g_{A_2B_3} = [1\,500, 1\,000, 500]$	$p_{A_2B_3} = [0.7, 0.2, 0.1]$
$[A_3, B_3)$	$g_{A_3B_3} = [1\,200, 1\,000, 700]$	$p_{A_3B_3} = [0.5, 0.3, 0.2]$
$[A_3, B_4)$	$g_{A_3B_4} = [800, 600, 300]$	$p_{A_3B_4} = [0.5, 0.3, 0.2]$

表6.3 基本单元$[B_j, C_k)$的流转能力及相应概率

基本单元$[B_j, C_k)$	流转能力/吨	概率
$[B_1, C_1)$	$g_{B_1C_1} = [2\,000, 1\,500, 1\,000, 600]$	$p_{B_1C_1} = [0.7, 0.1, 0.1, 0.1]$
$[B_1, C_2)$	$g_{B_1C_2} = [2\,000, 1\,000, 700, 200]$	$p_{B_1C_2} = [0.7, 0.1, 0.1, 0.1]$
$[B_2, C_2)$	$g_{B_2C_2} = [2\,300, 1\,800, 1\,200, 800]$	$p_{B_2C_2} = [0.6, 0.2, 0.1, 0.1]$
$[B_2, C_3)$	$g_{B_2C_3} = [1\,500, 1\,000, 500, 200]$	$p_{B_2C_3} = [0.6, 0.2, 0.1, 0.1]$
$[B_3, C_1)$	$g_{B_3C_1} = [2\,000, 1\,500, 1\,000, 500]$	$p_{B_3C_1} = [0.5, 0.2, 0.2, 0.1]$
$[B_3, C_2)$	$g_{B_3C_2} = [2\,000, 1\,400, 800, 400]$	$p_{B_3C_2} = [0.5, 0.2, 0.2, 0.1]$
$[B_3, C_3)$	$g_{B_3C_3} = [1\,800, 1\,000, 400, 200]$	$p_{B_3C_3} = [0.5, 0.2, 0.2, 0.1]$
$[B_4, C_3)$	$g_{B_4C_3} = [1\,000, 800, 600, 500]$	$p_{B_4C_3} = [0.5, 0.3, 0.1, 0.1]$

表 6.4　基本单元 $[C_k, D)$ 的流转能力及相应概率

基本单元$[C_k,D)$	流转能力/套	概率
$[C_1,D)$	$g_{C_1D} = [2\,500,\ 2\,000,\ 1\,500]$	$p_{C_1D} = [0.6,\ 0.3,\ 0.1]$
$[C_2,D)$	$g_{C_2D} = [4\,000,\ 3\,000,\ 2\,000]$	$p_{C_2D} = [0.5,\ 0.3,\ 0.2]$
$[C_3,D)$	$g_{C_3D} = [3\,000,\ 2\,400,\ 1\,800]$	$p_{C_3D} = [0.7,\ 0.2,\ 0.1]$

二、供应主体链的动员能力求解

根据图 6.7，可知从 A 类供应主体到受灾点 D 一共有 16 条路径，即 $A_1B_1C_1D$、$A_1B_1C_2D$、$A_1B_2C_2D$、$A_1B_2C_3D$、$A_1B_3C_1D$、$A_1B_3C_2D$、$A_1B_3C_3D$、$A_2B_2C_2D$、$A_2B_2C_3D$、$A_2B_3C_1D$、$A_2B_3C_2D$、$A_2B_3C_3D$、$A_3B_3C_1D$、$A_3B_3C_2D$、$A_3B_3C_3D$、$A_3B_4C_3D$。由于路径数量较多，且计算过程类似，因而，本节将选取 $A_1B_1C_1D$ 和 $A_1B_1C_2D$ 这两条单链为例进行具体的动员能力求解，其他直接用 MATLAB 软件进行求解。

根据第二节提出的计算方法及这个案例的数据处理，对模型中的 UGF 方法中的算子 $\otimes$ 进行具体定义。

案例中，通过基本单元 $[A_i, B_j)$ 将碳素钢连铸板坯流转到节点 B_j，形成碳素结构钢，继而由基本单元 $[B_j, C_k)$ 流转到下一个供应环节。因而，基本单元 $[A_i, B_j)$ 的流转能力需要乘以碳素钢连铸板坯转化为碳素结构钢的原材料转换率，且这两个基本单元的流转能力取决于单个基本单元的最小流转能力。那么，从基本单元 $[A_i, B_j)$ 到 $[B_j, C_k)$ 的 UGF 表达式为：

$$\begin{aligned} U_{A_iB_jC_k}(z) &= u_{A_iB_j}(z) \otimes u_{B_jC_k}(z) \\ &= \sum_{h=1}^{H}\sum_{s=1}^{S} p_{A_iB_j,h} p_{B_jC_k,s} z^{\min(g_{A_iB_j,h}\times 0.95,\, g_{B_jC_k,s})} \\ &= \sum \pi_{A_iB_j,h,B_jC_k,s} z^{\min(g_{A_iB_j,h}\times 0.95,\, g_{B_jC_k,s})} \end{aligned} \quad (6.8)$$

其中，$\pi_{A_iB_j,h,B_jC_k,s} = \Pr\{(G_{A_iB_j}=g_{A_iB_j,h}) \cap (G_{B_jC_k}=g_{B_jC_k,s})\}$。

而从基本单元 $[B_j, C_k)$ 将碳素结构钢流转到节点 C_k，生产活动板房成品，再由 $[C_k, D)$ 将其流转到受灾地。由于一套活动板房需要 0.7 吨的碳素结构钢，因此，经过节点 C_k 的碳素结构钢需要除以 0.7 来换算成相应的活动板房数量，当然与上个环节一样，本段的流转能力也取决于上个环节与本段的最小流转能力。那么，从基本单元 $[B_j, C_k)$ 到 $[C_k, D)$ 的 UGF 表

达式为：

$$U_{A_iB_jC_kD_t}(z) = U_{A_iB_jC_k}(z) \otimes u_{C_kD_t}(z)$$

$$= \sum_{h=1}^{H}\sum_{s=1}^{S}\sum_{w=1}^{W} p_{A_iB_j,h} p_{B_jC_k,s} p_{C_kD_t,w} z^{\min\{[\min(g_{A_iB_j,h} \times 0.95, g_{B_jC_k,s}) \div 0.7], g_{C_kD_t,w}\}}$$

$$= \sum \pi_{A_iB_j,h,B_jC_k,s,C_kD_t,w} z^{\min\{[\min(g_{A_iB_j,h} \times 0.95, g_{B_jC_k,s}) \div 0.7], g_{C_kD_t,w}\}} \quad (6.9)$$

其中，$\pi_{A_iB_j,h,B_jC_k,s,C_kD_t,w} = \Pr\{(G_{A_iB_j} = g_{A_iB_j,h}) \cap (G_{B_jC_k} = g_{B_jC_k,s}) \cap (G_{C_kD_t} = g_{C_kD_t,w})\}$。

据此得出两条单链的 UGF 表达式。

① $A_1B_1C_1D$ 的 UGF 表达式如下：

基本单元 $[A_1,B_1)$ 的流转能力为：

$$u_{A_1B_1}(z) = 0.6z^{2\,000} + 0.3z^{1\,500} + 0.1z^{1\,000} \quad (6.10)$$

基本单元 $[B_1,C_1)$ 的流转能力为：

$$u_{B_1C_1}(z) = 0.7z^{2\,000} + 0.1z^{1\,500} + 0.1z^{1\,000} + 0.1z^{600} \quad (6.11)$$

基本单元 $[A_1,B_1)$ 到 $[B_1,C_1)$ 的流转能力为：

$$\begin{aligned} u_{A_1B_1C_1}(z) &= u_{A_1B_1}(z) \otimes u_{B_1C_1}(z) \\ &= (0.6z^{2\,000} + 0.3z^{1\,500} + 0.1z^{1\,000}) \\ &\quad \otimes (0.7z^{2\,000} + 0.1z^{1\,500} + 0.1z^{1\,000} + 0.1z^{600}) \\ &= 0.42z^{1\,900} + 0.06z^{1\,500} + 0.06z^{1\,000} + 0.06z^{600} \\ &\quad + 0.21z^{1\,425} + 0.03z^{1\,425} + 0.03z^{1\,000} + 0.03z^{600} \\ &\quad + 0.07z^{950} + 0.01z^{950} + 0.01z^{950} + 0.01z^{600} \\ &= 0.42z^{1\,900} + 0.06z^{1\,500} + 0.09z^{1\,000} + 0.1z^{600} + \\ &\quad 0.24z^{1\,425} + 0.09z^{950} \end{aligned} \quad (6.12)$$

基本单元 $[C_1,D)$ 的流转能力为：

$$u_{C_1D}(z) = 0.6z^{2\,500} + 0.3z^{2\,000} + 0.1z^{1\,500} \quad (6.13)$$

则最终单链 $A_1B_1C_1D$ 的流转能力为：

$$\begin{aligned} u_{A_1B_1C_1D}(z) &= u_{A_1B_1C_1}(z) \otimes u_{C_1D}(z) \\ &= (0.42z^{1\,900} + 0.06z^{1\,500} + 0.09z^{1\,000} + 0.1z^{600} + 0.24z^{1\,425} \\ &\quad + 0.09z^{950}) \otimes (0.6z^{2\,500} + 0.3z^{2\,000} + 0.1z^{1\,500}) \\ &= 0.252z^{1\,900} + 0.036z^{1\,500} + 0.054z^{1\,000} + 0.06z^{600} + 0.144z^{1\,425} \\ &\quad + 0.054z^{950} + 0.126z^{1\,900} + 0.018z^{1\,500} + 0.027z^{1\,000} + 0.03z^{600} \\ &\quad + 0.072z^{1\,425} + 0.027z^{950} + 0.042z^{1\,900} + 0.006z^{1\,500} \\ &\quad + 0.009z^{1\,000} + 0.01z^{600} + 0.024z^{1\,425} + 0.009z^{950} \end{aligned}$$

$$= 0.42z^{1\,900} + 0.06z^{1\,500} + 0.09z^{1\,000} + 0.1z^{600} + 0.24z^{1\,425}$$
$$+ 0.09z^{950} \tag{6.14}$$

也就是说，单链 $A_1B_1C_1D$ 的最大流转能力（在此例中为最终产品活动板房的生产能力）为 1 900 套活动板房，理想动员能力为 42%。

② $A_1B_1C_2D$ 的 UGF 表达式如下：

基本单元 $[A_1, B_1)$ 的流转能力为公式 (6.10)。

基本单元 $[B_1, C_2)$ 的流转能力为：

$$u_{B_1C_2}(z) = 0.7z^{2\,000} + 0.1z^{1\,000} + 0.1z^{700} + 0.1z^{200} \tag{6.15}$$

基本单元 $[A_1, B_1)$ 到 $[B_1, C_2)$ 的流转能力为：

$$u_{A_1B_1C_2}(z) = u_{A_1B_1}(z) \otimes u_{B_1C_2}(z)$$
$$= (0.6z^{2\,000} + 0.3z^{1\,500} + 0.1z^{1\,000}) \otimes (0.7z^{2\,000} + 0.1z^{1\,000} + 0.1z^{700} + 0.1z^{200})$$
$$= 0.42z^{1\,900} + 0.06z^{1\,000} + 0.06z^{700} + 0.06z^{200} + 0.21z^{1\,425} + 0.03z^{100}$$
$$+ 0.03z^{700} + 0.03z^{200} + 0.07z^{950} + 0.01z^{950} + 0.01z^{700} + 0.01z^{200}$$
$$= 0.42z^{1\,900} + 0.21z^{1\,425} + 0.06z^{1\,000} + 0.08z^{950} + 0.1z^{700} + 0.1z^{200} + 0.03z^{100}$$
$$\tag{6.16}$$

基本单元 $[C_2, D)$ 的流转能力为：

$$u_{C_2D}(z) = 0.5z^{2\,500} + 0.3z^{3\,000} + 0.2z^{2\,000} \tag{6.17}$$

则最终单链 $A_1B_1C_2D$ 的流转能力为：

$$u_{A_1B_1C_2D}(z) = u_{A_1B_1C_2}(z) \otimes u_{C_2D}(z)$$
$$= (0.42z^{1\,900} + 0.21z^{1\,425} + 0.06z^{1\,000} + 0.08z^{950} + 0.1z^{700} +$$
$$0.1z^{200} + 0.03z^{100}) \otimes (0.5z^{2\,500} + 0.3z^{3\,000} + 0.2z^{2\,000})$$
$$= 0.21z^{2\,500} + 0.126z^{2\,714} + 0.084z^{2\,000} + 0.105z^{2\,035} + 0.063z^{2\,035} +$$
$$0.042z^{2\,000} + 0.03z^{1\,428} + 0.018z^{1\,428} + 0.012z^{1\,428} + 0.04z^{1\,357} +$$
$$0.024z^{1\,357} + 0.016z^{1\,357} + 0.05z^{1\,000} + 0.03z^{1\,000} + 0.02z^{1\,000} +$$
$$0.05z^{285} + 0.03z^{285} + 0.02z^{285} + 0.015z^{142} + 0.009z^{142}$$
$$+ 0.006z^{142}$$
$$= 0.126z^{2\,714} + 0.21z^{2\,500} + 0.168z^{2\,035} + 0.126z^{2\,000} + 0.06z^{1\,428}$$
$$+ 0.08z^{1\,357} + 0.1z^{1\,000} + 0.03z^{142} \tag{6.18}$$

也就是说，单链 $A_1B_1C_2D$ 的最大流转能力为 2 714 套，理想动员能力为 12.6%。

三、供应主体链动员能力分析

使用 MATLAB 编程，分别求出了 16 条单链的动员能力，其中单链

$A_2B_2C_3D$ 达到最大流转能力的可能性，即其理想动员能力为 56.7%，是全部 16 条单链中理想动员能力最大的。而单链 $A_3B_4C_3D$ 达到 80% 的最大流转能力的可能性，即满意动员能力评估值为 81%，是全部 16 条单链中满意动员能力评估值最大的。

由此，得到了两种具有代表性的资源流转方案，也就是两种具有代表性的生产组织安排方案：①以单链 $A_2B_2C_3D$ 为主体，有 56.7% 的可能性获得其最大流转能力（即活动板房的生产量达到该单链的最大产量）；②以单链 $A_3B_4C_3D$ 为主，有 81% 的可能性获得其不低于其最大流转能力 80% 的流转能力（即活动板房的生产量达到该单链最大产量的 80% 以上）。

那么，在实际的集成动员活动中，到底应该选择哪个方案，或者组合使用哪些方案呢？这就是集成动员决策需要权衡的问题，也是一个多目标、多属性决策的问题。但由于本章的主旨是解决供应主体链的能力评估思路与方法问题，因此，本章不再深入研究，将于未来继续深入探究这个问题。

本章小结

本章对供应主体链的动员能力进行了深入探讨。一方面，对供应主体链动员能力进行了理论探讨。通过细化供应主体的类型，明确了供应主体间的一对一、一对多、多对多以及跳接等四类链接方式，并分析了供应主体链的随机性来源，即由外界环境、物流型供应主体的变化、设备设施占用以及环节间匹配等引发。进而，提出了供应主体链的动员能力概念，认为供应主体链的动员能力就是每条单链为需求地运送所需资源的可能性大小。

另一方面，利用 UGF 方法表征供应主体链的随机性，构建了供应主体链的动员能力评估模型，并给出了相应的求解方法。以汶川地震的活动板房为例，求解出了具体的活动板房供应主体链中每条单链的动员能力大小，得出了供应主体链的最大动员能力以及满意动员能力的具体路径，验证了通用供应主体链动员能力评估模型的正确性。未来，根据收集到的实际动员活动数据，根据模型能够计算出任意一条供应主体链的动员能力大小和具体路径，为国民经济动员活动提供一种快捷寻找路线的科学化方式，提高完成国民经济动员任务的效率。

第七章 结论与展望

第一节 结论与成果

本书主要形成了以下几点研究结论与成果。

第一，集成动员理论是现代管理学"集成化""一体化"思想在国民经济动员学学科的延伸和发展，既顺应了现代管理学理论演进的趋势，也体现了学科发展的内在逻辑。集成动员是借鉴集成产品开发理论而提出的全新的国民经济动员模式，是国民经济动员理论的一种创新型探索。提出这种模式的目的是深化敏捷动员理论，进一步加强敏捷动员理论的实践性。集成动员理论的主要观点就是国民经济动员机构发挥协调主体的作用，集成政府职能部门、相关部门及社会的其他管理部门共同落实国民经济动员任务，一方面扭转国民经济动员机构"一竿子插到底"这种既不专业，又力不从心的工作模式，另一方面也全面落实国家有关法律法规和国防动员工作模式的核心理念。

第二，提出了由集成动员管理层、集成动员供应层以及集成动员指挥关系构成的双层柔性连接业务模式，这既是对集成动员理论的深度展开，也是为完善当前我国国民经济动员工作模式所做的探索性尝试。它包括体现逻辑上的国民经济动员管理链的集成动员管理层、体现逻辑上的国民经济动员供应链的集成动员供应层，以及连接这两个层面的集成动员指挥关系。集成动员的参与者包括决策主体、责任主体、执行主体、协调主体和供应主体，它们在这个业务模式中均有明确的定位。集成动员管理层代表政府建立并维护的集成动员管理总线集成了作为执行主体的职能部门，在其职能范围内调度和调控资源的活动构成了连接集成动员管理层和集成动员供应层的集成动员指挥关系，在职能部门调度和调控之下的各供应主体构成了集成动员的供应层。指挥关系，主要是执行主体调控集成动员供应主体的管理活动，包括法律手段、经济手段和行政手段，且随着社会治理体制和社会治理手段的不断完善，手段也将不断丰富和完善，因此，手段是可变的，连接是柔性的。

第三，借鉴集成产品开发的实践，尤其是 IBM 公司建立业务总线的实践，提出了集成动员业务总线的概念。业务总线是集成动员的重要基础，是一种标准化、规范化的信息交换渠道和协同配合界面，包括集成动员的管理总线和集成动员的供应总线。集成动员的管理总线，就是集成动员管理层的日常工作平台，利用这个平台可以将集成动员管理工作常态化，建立各执行主体的标准化接口和规范化协同方式，有助于提高集成动员管理层的运作效率；集成动员的供应总线是作为执行主体的职能部门进行资源调度和调剂的工作平台，职能部门通过这个平台可以提高资源调度的效率，强化对应战应急活动的资源保障。这种理念从国民经济动员的理论和实践中得出，具有一定程度的指导意义，可为推进跨部门、跨行业、跨区域等动员工作提供一定的参考和借鉴。

第四，当前国民经济动员工作中缺乏客观化、标准化、规范化的业务流程体系，这是国民经济动员学科发展还不太成熟的实际状况。本书从任务转换的视角，将集成动员划分为动员准备、动员启动、动员保障及经济复员四个阶段，并明确了四个阶段的主要业务活动，包括潜力调查、预案编制、总线管理、任务分解、建立动员链、协调控制任务进度等。引入了 ARIS 建模工具对集成动员的主要业务活动进行形式化描述，构建了几大动员主体的功能树模型。改进和运用 eEPC 方法，全面设计了集成动员四个阶段的业务流程。以区域间协同保障为背景设计了案例，运用集成动员业务流程通用模型，全面、系统地分析了北京市在动员中的主要业务流程。

第五，深入分析了执行主体的动员能力，提出了执行主体动员能力的概念，即在执行国民经济动员任务时，通过一系列的资源调配计划对供应主体进行调控，以保证供应主体按照时限、数量和质量等要求实现动员资源供给的可能性。这种可能性主要体现在它在国民经济动员活动中资源需求与资源供给都会表现多状态特性。这种多状态特性有时表现为时序性，比如对某种资源的需求会随着供给量的增加，或者其他条件的变化而变化，某种资源的供给也会随着动员工作的不断深化而陆续增加；但这种多状态特性同样也可能表现为与时序无关，比如某些供应主体由于自身的原因或受外部条件的限制，而无法发挥其最大供给能力。为此，运用通用生成函数来模拟集成动员需求和供给的多态性，分别建立了有无资金限制的执行主体动员能力评估模型。以实际帐篷动员活动为背景设计了算例，利用 UGF 具体分析了民政部的动员能力大小，根据对比分析，给出了影响执行主体动员能力的具体因素，并有针对性地给出了建议，为执行主体提高动员能力提出了科学的建议。

第六，集成动员供应层表现为多个集成动员供应主体之间的复杂链接，也就是逻辑上的集成动员供应链。各集成动员供应主体间的链接方式包括一对一的串联式链接、一对多的发散式链接、多对多的网络式链接和跳接式链接，这些基本链接形式的组合，构成了集成动员供应主体链的复杂拓扑结构。本书认为集成动员供应主体链动员能力就是拓扑结构中每条单链达到最大流转能力的可能性，由此，聚焦各集成动员供应主体间相互链接的多态性，全面探讨其运作过程中所面临的不确定性，分析集成动员主体链的动员能力，运用通用生成函数来模拟其多态性，建立了集成动员主体链动员能力的评估模型。以汶川地震的活动板房为例，对所构建的模型进行了验证，分析了实现供应主体链的最大动员能力和满意动员能力的具体路径，为相关管理人员提供了一种制定动员方案的科学工具，以提升供应主体链抵抗运作风险、完成集成动员任务的能力。

第二节　局限与展望

本书面向提高敏捷动员理论实践性的需要，研究了集成动员的基础理论，探索建立了集成动员的业务模式，构建了集成动员业务流程体系，并试图从更深入的层次上对集成动员业务模式所能实现的动员能力进行评估，尽可能全面地阐述集成动员的理论内涵和集成动员的应战应急资源保障能力。然而，由于本书旨在创立一种新的国民经济动员工作模式，已有

的研究基础并不雄厚,更受限于本人的知识面和理论积累,仍然存在着不尽如人意的地方和局限性,主要表现在:

第一,由于国民经济动员是应战应急状态下国家实施的一类特殊活动,在和平与发展依然是世界主流的大背景下,国民经济动员不会轻易实施,而启动国民经济动员机制应对突发事件的机会也不多,所以,需要等待更多的实践活动来检验集成动员理论,以充分证明理论的价值和可行性。

第二,在建立执行主体动员能力评估模型和集成动员供应主体链动员能力评估模型时,为集中突破关键环节,对模型做了一些假设,实际上是对建模工作的一种简化。并且,由于实践案例太少,也受限于国防军事领域保密性的要求,难以获得较为全面的数据。因此,本书直接采用给定概率的方式描述了模型的多态性,虽不影响结果的趋势方向,但会在一定程度上影响模型对现实的拟合度。

第三,本书对集成动员理论可操作性的探索止于对其业务模式的动员能力的评估方面。评估是发现问题的途径,但更重要的是解决问题,如何以评估结果为依据反过来改善集成动员业务模式的动员能力还有待于后续的研究工作。

在本书的基础上,笔者将在今后的研究过程中,从以下几个方面继续展开研究:

第一,努力收集更多的国民经济动员实践资料,或者深入国民经济动员机构进行理论推演,请从事国民经济动员实践的专家来验证和完善集成动员理论,以增强其对国民经济动员实践的指导作用。拓展集成动员的研究视角,着重研究集成动员中的细节问题,如伙伴选择、信息平台搭建、征用补偿、绩效评价等问题。

第二,继续对集成动员的动员能力评估模型进行调整和完善,收集更多的案例和相应的数据,更合理地给定模型的相关参数,如利用大量数据采用最大似然估计法对多状态的概念进行推算,进而改进评估结果,将评估结果与案例对照,提高模型与实际的拟合度,保证模型的真实性、广泛性及可靠性。同时,深刻阐明评估结果所能揭示的意义,运用测度结果辅助国民经济动员决策,并通过实践结果的反馈来提高集成动员能力。

国民经济动员的理论创新和实践探索都是一条漫长的征程,现在的研究成果只是继续前进的基础和出发点,今后笔者将在这个方向上不断探索和开拓。本书的研究成果希望得到专家学者的批评指正,笔者今后的研究工作也希望得到专家学者的大力支持。

参考文献

［1］中华人民共和国国防部.《2004 年中国的国防》白皮书［EB/OL］. ［2019 – 02 – 10］. http：//www. mod. gov. cn/affair/2011 – 01/06/content_4249947_5. htm.

［2］国务院，中央军委. 国务院、中央军委关于成立国家国防动员委员会的通知［EB/OL］.［2019 – 02 – 10］. http：//www. gov. cn/xxgk/pub/govpublic/mrlm/201108/t20110812_63985. html.

［3］新华网. 中国共产党十八届三中全会公报发布（全文）［EB/OL］. ［2019 – 02 – 10］. http：//news. xinhuanet. com/house/tj/2013 – 11 – 14/c_118121513. htm.

［4］蒋应时. 动员之光：新时期国民经济动员理论与实践［M］. 北京：军事科学出版社，2007.

［5］韩利明. 行业动员［M］. 北京：军事科学出版社，2011.

［6］张纪海. 动员联盟盟员敏捷性的评价指标体系与方法［J］. 北京理工大学学报（社会科学版），2005，7（5）：6 – 8.

［7］胡敏，张纪海. 基于生命周期的国民经济动员联盟组织模式研究［J］. 北京理工大学学报（社会科学版），2008，10（6）：33 – 40.

［8］孔昭君. 论国民经济动员链［J］. 北京理工大学学报（社会科学版），2012，14（1）：71 – 76.

[9] 朱庆林, 常进. 国民经济动员学教程 [M]. 北京: 军事科学出版社, 2002.

[10] 孔昭君. 论"国民经济动员学"的学科建设 [J]. 北京理工大学学报（社会科学版）, 2007, 9 (1): 8 – 11.

[11] 范晓光. 现代局部战争动员研究 [M]. 北京: 军事科学出版社, 2000.

[12] 李亚洲. 适应军事斗争准备需要加强国防动员一体化建设 [J]. 国防, 2007 (4): 22 – 23.

[13] 朱茂群. 精确化——未来战争的走向 [J]. 国防, 2002 (2): 8 – 9.

[14] 金晓峰, 付志刚. "渐进反应动员"管见 [N]. 中国国防报. 2006 – 8 – 13.

[15] 张云彬. 中国企业动员准备研究 [D]. 武汉: 军事经济学院, 2006.

[16] 孔昭君. 论大动员观念的培育 [J]. 军事经济研究, 2002 (10): 28 – 30.

[17] 韩宇宽. 国民经济动员中的可动员资源管理研究 [D]. 北京: 北京理工大学, 2006.

[18] 孔昭君. 敏捷动员模式的实践雏形——试析国民经济动员"宁波模式" [J]. 北京理工大学学报（社会科学版）, 2009, 11 (1): 3 – 11.

[19] 张纪海. 基于 multi – agent 的国民经济动员系统建模与仿真研究 [D]. 北京: 北京理工大学, 2005.

[20] 董平. 从经典动员模式到敏捷动员模式 [J]. 北京理工大学学报（社会科学版）, 2009, 11 (3): 5 – 12.

[21] 李连宏. 物资敏捷动员的理论与方法研究 [D]. 北京: 北京理工大学, 2006.

[22] 郭瑞鹏. 应急物资动员决策的方法与模型研究 [D]. 北京: 北京理工大学, 2006.

[23] 聂彤彤. 物流网络环境下的国民经济动员物力能力评价研究 [D]. 北京: 北京理工大学, 2009.

[24] 王成敏, 孔昭君. 基于系统动力学的动员潜力释放链运行机理研究 [J]. 公共管理学报, 2010, 7 (2): 97 – 107.

[25] 王成敏, 孔昭君. 供给视角的国民经济动员资源供给能力及特性研究 [J]. 军事经济研究, 2011 (6): 27 – 30.

[26] 孔昭君, 王成敏. 供给视角的国民经济动员潜力理论探索 [J]. 北京

理工大学学报（社会科学版），2010，12（2）：5-9.

[27] 王成敏. 国民经济动员潜力释放研究［D］. 北京：北京理工大学，2010.

[28] 孔慧珍. 流程视角下民用工业敏捷动员体系建设研究［D］. 北京：北京理工大学，2016.

[29] 张笑. 论国民经济动员的基本功能［J］. 军事经济研究，2004（5）：22-25.

[30] 赵建明，俞红卫. 加强国民经济动员中心建设浅谈［J］. 军事经济研究，2007（2）：49-51.

[31] 聂彤彤，赵伟. 现阶段国民经济动员中心建设问题探讨［J］. 军事经济研究，2008（8）：25-27.

[32] 张森磊. 以多样化军事任务为牵引，大力推进国民经济动员中心建设［J］. 中国商界，2009（12）：186-188.

[33] 唐平舟. 国民经济动员物流中心布局研究［D］. 北京：北京理工大学，2010.

[34] 刘翌琼，曾立. 装备经济动员潜力评估与动员中心建设研究［J］. 国防技术基础，2010（3）：61-64.

[35] 张苏阳. 国民经济动员中心动员潜力测度研究［D］. 北京：北京理工大学，2014.

[36] 张苏阳. 国民经济动员中心动员潜力测度——基于系统动力学的建模与仿真［J］. 北京理工大学学报（社会科学版），2016，18（3）：98-104.

[37] Min Hu, Tang Li. Attribute Reduction of Mobilization Alliances Partner Selection Based on Information Entropy［C］. The 2011 International Conference on Management and Service Science. 2011.

[38] 胡敏. 动员联盟伙伴选择研究［D］. 北京：北京理工大学，2010.

[39] 胡敏，孔昭君，张纪海，等. 一种属性约简方法及其在动员联盟伙伴选择中的应用［J］. 兵工学报（增刊），2009（30）：5-9.

[40] 胡敏，张纪海，陈倩. 分辨系数可调的灰色关联度在国防代理企业横向选择中的应用［J］. 科学学与科学技术管理（增刊），2009（12）：25-31.

[41] Min Hu, Ge Zhu. Value Evaluation of Dynamic Alliance Sub-tasks

Based on Uncertain Additive Linguistic Aggregation Operator [C]. Proceedings of the 3rd IEEE International Conference on Information and Engineering. 2011.

[42] 韩秋露. 社会救援资源动员联盟伙伴选择 [J]. 北京理工大学学报 (社会科学版), 2012, 14 (3): 89 – 92, 97.

[43] 宋佳蔓. 我国政府危机管理中的政治动员机制研究 [D]. 长春: 东北师范大学, 2009.

[44] 刘锡伟. 新形势下国民经济动员系统适应性及其发展趋势 [J]. 军事经济研究, 2009 (12): 23 – 24.

[45] 张笑. 我国应对国际金融危机的做法及其给金融动员的启示 [J]. 军事经济研究, 2009 (12): 16 – 19.

[46] Shelton H H. Joint Vision2010 [EB\OL]. (1996 – 05 – 04) [2017 – 07 – 28]. http://www.dod.mil/1996 – 06 – 11.htm.

[47] Shalikashvili J M. Joint Vision 2020 [EB\OL]. (2000 – 06 – 11) [2017 – 07 – 28]. http://www.dod.mil/2000 – 06 – 11.htm.

[48] Joint Publication. Department of Defense Dictionary of Military and Associated Terms [EB\OL]. (2008 – 03 – 23) [2017 – 07 – 28]. http://www.hqda.army.mil/logweb/logistics.html.

[49] Wilhite A, Burns L, Patnayakuni R, et al. Military Supply Chains and Closed – loop Systems: Resource Allocation and Incentives in Supply Sourcing and Supply Chain Design [J]. International Journal of Production Research, 2014, 52 (7): 1926 – 1939.

[50] Stephen M Rutner, Maria Aviles, Scott Cox. Logistics Evolution: a Comparison of Military and Commercial Logistics Thought [J]. The International Journal of Logistics Management, 2012, 23 (1): 96 – 118.

[51] Abderrahmane Sokri. Military Supply Chain Flexibility Measures [J]. Journal of Modeling in Management, 2014, 9 (1): 78 – 86.

[52] Fan C Y, Fan P S, Chang P C. A System Dynamics Modeling Approach for a Military Weapon Maintenance Supply System [J]. International Journal of Production Economics, 2010, 128 (2): 457 – 469.

[53] 王进发, 李励. 军事供应链管理——支持军事行动的科学与艺术 [M]. 北京: 国防大学出版社, 2004.

[54] 汪涛,吴琳丽. 军事物流供应链 G-GERT 网络风险识别模型研究[J]. 计算机工程与应用,2012,48(1):231-233,248.

[55] 吴巧云,李玉兰,吉朝军. 多样化军事行动下军事供应链可靠性分析[J]. 物流技术,2012,31(5):232-234.

[56] 唐建,严骏. 军事供应链可靠性研究及思考[J]. 军事运筹与系统工程,2014,28(4):44-49,58.

[57] 蒋宇,杨西龙,张巍. 基于 VMI 和价格补贴机制的军事供应链协调模型[J]. 物流技术,2016,35(2):172-176.

[58] 王兆威,阳平华. 基于系统动力学的军事供应链联合库存管理研究[J]. 军事运筹与系统工程,2013,27(2):47-53.

[59] 李海林,姜俊. 基于二元语意一致性的军品供应链绩效模糊评价方法[J]. 系统工程理论与实践,2012,32(2):373-379.

[60] 白雪岷,赵晗萍. 应急突发事件的应急供应链结构与风险探析[C]. 中国灾害防御协会风险分析专业委员会年会,2012.

[61] 方磊,夏雨,杨月明,等. 面向突发性自然灾害的救济供应链研究述评与未来展望[J]. 管理评论,2016,28(8):238-249.

[62] 赵昌文,等. 应急管理与灾后重建:5·12 汶川特大地震若干问题研究[M]. 北京:科学出版社,2011:136-198.

[63] 许振宇,任世科,郭雪松,等. 不确定条件下应急供应链可靠性评价模型[J]. 运筹与管理,2015,24(3):35-44.

[64] Ilhan A. The Humanitarian Relief Chain [J]. South East European Journal of Economics and Business,2011,6(2):45-54.

[65] Day J M, Melnyk S A, Larson P D, et al. Humanitarian and Disaster Relief Supply Chain: A Matter of Life and Death [J]. Journal of Supply Chain Management,2012,48(2):21-36.

[66] Aslanzadeh M, Rostami E A, Kardar L. Logistics Management and SCM in Disasters [M]//Supply Chain and Logistics in National, International and Governmental Environment, Physical-Verlag HP,2009.

[67] Tatham P, Kovacs G. The Application of "Swift Trust" to Humanitarian Logistics [J]. International Journal of Production Economics,2010,126(1):35-45.

[68] Schulz S F, Blecken A. Horizontal Cooperation in Disaster Relief Logistics:

Benefits and Impediments [J]. International Journal of Physical Distribution & Logistics Management, 2010, 40 (8/9): 636 - 656.

[69] 孔昭君. 国民经济动员链及其意义与价值 [J]. 军事经济研究, 2012 (3): 34 - 36.

[70] 王成敏, 张纪海. 国民经济动员链资源供给机理 [J]. 北京理工大学学报 (社会科学版), 2012, 14 (2): 77 - 83.

[71] 李紫瑶, 孔昭君, 韩秋露. 应急资源动员链体系——规则、内涵及衔接机制研究 [J]. 灾害学, 2013, 28 (3): 148 - 151.

[72] 张纪海, 张劝劝. 石油动员链构建问题研究 [J]. 北京理工大学学报 (社会科学版), 2013, 15 (4): 85 - 92.

[73] 刘思佳. 国民经济动员企业动员链上游系统构建研究 [D]. 北京: 北京理工大学, 2015.

[74] 李元元. 应急物资动员链的弹性模型构建研究 [D]. 北京: 北京理工大学, 2013.

[75] 陈正杨. 国民经济动员链扩容演化与可靠性研究 [D]. 北京: 北京理工大学, 2015.

[76] Michael E McGrath. Setting the PACE in Product Development [M]. Burlington: Butterworth - Heinemann, 1996.

[77] 罗桦槟, 逄涛. 集成产品创新开发研究 [J]. 中国软科学, 2002 (12): 104 - 108.

[78] 广濑贞夫. IPD 革命 [M]. 东京: 株式会社工业调查会, 2004.

[79] 陆明俊. 柳州欧维姆公司基于 IPD 模式的新产品开发项目过程管理研究 [D]. 南宁: 广西大学, 2016.

[80] 秦剑. 研发/制造/营销跨职能整合与新产品开发: 产品创新性的差异效应研究 [J]. 中国管理科学, 2014, 22 (1): 130 - 138.

[81] Sommer A F, Dukovska - Popovska I, Steger - Jensen K. Barriers towards Integrated Product Development—Challenges from a Holistic Project Management Perspective [J]. International Journal of Project Management, 2014, 32 (6): 970 - 982.

[82] 姜姝. 基于 IPD 的 B 公司产品开发项目流程优化研究 [D]. 北京: 中国科学院大学工程科学学院, 2015.

[83] 周辉. 产品研发管理 [M]. 北京: 电子工业出版社, 2011.

[84] 张利华. 华为研发 [M]. 北京：机械工业出版社，2012.

[85] RupakRauniar, Greg Rawski. Organizational Structuring and Project Team Structuring in Integrated Product Development Project [J]. Int. J. Production Economics, 2012：939 - 952.

[86] Patrizia Garengo, Roberto Panizzolo. Supplier Involvement in Integrated Product Development：Evidence from a Group of Italian SMEs [J]. Production Planning & Control：The Management of Operations, 2013 (24)：158 - 171.

[87] Fernandes P T, Júnior O C, Sant'Anna Â M O. Method for Integrated Product Development Oriented to Sustainability [J]. Clean Technologies and Environmental Policy, 2017, 19 (3)：775 - 793.

[88] Ali Yassine, BacelMaddah, NabilNehme. Optimal Information Exchange Policies in Integrated Product Development [J]. IIE Transactions, 2013 (45)：1249 - 1262.

[89] Regina C McNally, M BillurAkdeniz, Roger J. Calantone. New Product Development Processes and New Product Profitability：Exploring the Mediating Role of Speed to Market and Product Quality [J]. J PROD INNOV MANAG, 2011：28 (S1)：63 - 77.

[90] 宗伟. 面向不连续创新的电子信息企业集成产品开发研究 [J]. 科技管理研究, 2014 (7)：102 - 105.

[91] Olaf Gaus, Bernd Neutschel, Matthias G. Raith. How Designed Communication Supports New Product & Service Development [J]. iBusiness, 2013 (5)：10 - 17.

[92] 刘威. 桑菲公司新产品开发 IPD 管理模式研究 [D]. 天津：天津大学，2012.

[93] 史永亮. CH 公司基于 IPD 流程的新产品开发项目管理研究 [D]. 成都：电子科技大学，2013.

[94] 李念军. 项目管理在 F 公司 IPD 实施过程中的应用研究 [D]. 成都：电子科技大学，2011.

[95] 马飞，刘德智，李毅斌，等. 基于 IPD 体系化研发管理平台研究 [J]. 现代制造工程，2013 (7)：12 - 15, 26.

[96] 于丽萍. 基于 IPD 思想的北重公司研发管理创新研究 [D]. 长春：

吉林大学，2011．

[97] 孔昭君．试论国民经济动员业务流程管理［J］．北京理工大学学报（社会科学版），2010，12（1）：5-10．

[98] 李宝山，刘志伟．集成管理——高科技时代的管理创新［M］．北京：中国人民大学出版社，1998：156-164．

[99] 李必强．关于集成和管理集成的探讨［J］．管理学报，2004，1（1）：10-13．

[100] 吴秋明，李必强．集成与管理的辩证关系［J］．系统辩证学学报，2004，12（1）：59-62．

[101] 杨克巍，等．体系需求工程技术与方法［M］．北京：科学出版社，2011．

[102] 国家国防动员委员［EB/OL］．[2016-06-18]．http://www.gfdy.gov.cn/org/2016-09/28/content_7281555.htm．

[103] 唐朔飞．计算机组成原理［M］．2版．北京：高等教育出版社，2014．

[104] 周辉．产品研发管理：构建世界一流的产品研发管理体系［M］．北京：电子工业出版社，2014．

[105] 王锦明．以罗伯特议事规则完善社区议事制度之探析［D］．广西：广西师范大学，2013．

[106] 任进．以建立权力清单制度为契机推动行政组织法发展［EB/OL］．[2016-11-18]．http://theory.people.com.cn/n/2015/0806/c207270-27419684.html．

[107] 杨凤春．中国政府概要［M］．2版．北京：北京大学出版社，2008．

[108] 徐衣显．转型期中国政府经济职能研究［M］．北京：中国财政经济出版社，2007．

[109] MBA智库百科．经济手段［EB/OL］．[2018-06-18]．http://wiki.mbalib.com/wiki/%E7%BB%8F%E6%B5%8E%E6%89%8B%E6%AE%B5．

[110] Ulric J, Gelinas Jr．业务流程与信息技术［M］．北京：清华大学出版社，2006．

[111] 熊康昊．应对非常规突发事件社会救援资源动员研究［D］．北京：北京理工大学，2014．

[112] 新华每日电讯. 进入汶川的道路被打通 [EB/OL]. (2008-05-16) [2017-03-01]. http://news.xinhuanet.com/mrdx/2008-05/16/content_8186418.htm.

[113] 人民日报海外版. 中国救灾物资储备库点基本覆盖多灾易灾地区 [EB\OL]. (2012-01-03) [2018-03-09]. http://paper.people.com.cn/rmrbhwb/html/2012-01/03/content_987035.htm.

附录 I

执行主体动员能力评估算例的 MATLAB 代码

```
g1=[8.5,5,1];
p1=[0.6,0.3,0.1];
w1=[8,4];
q1=[0.6,0.4];
g2=[4,0];
p2=[0.8,0.2];
w2=[3,1];
q2=[0.7,0.3];
c=[4,1,0];
b=[0.8,0.1,0.1];
% 求解每个受灾地供给量与需求量表达式
[SDP1]=element(g1,p1,w1,q1);
[SDP2]=element(g2,p2,w2,q2);
% 供给量与需求量
[SDDP1]=together(SDP1,SDP2);
% 加入执行主体动员量
[TDP]=capacity(SDDP1,c,b);
% 求解需求量得到满足的受灾地个数
```

```
[NP] = number(TDP);
% 动员能力求解
fprintf('系统可靠度为:')
[r] = reliability(NP,2);
flag = 1;

% capacity 函数
function[TDP] = capacity(SDDP,c,b)
[r1,c1] = size(SDDP);
c2 = length(c);
p = b'* SDDP(:,c1)';
P = reshape(p,numel(p),1);
TD = [];
for i = 1:r1
        TD((i-1)* c2 +1:i* c2,2:(c1 -1)) = repmat(SDDP(i,
2:(c1 -1)),c2,1);
        for j = 1:c2
    TD((i-1)* c2 +j,1) = min([SDDP(i,1);sum(SDDP(i,2:(c1 -
1)),2);c(1,j)]);
        end
    end
TDP = [TD,P];

% element 函数
function[SDP] = element(g,p,w,q)
e = q'* p;
E = reshape(e,numel(e),1);
SD = [];
for i = 1:length(g)
        for j = 1:length(w)
                Si = max(g(i) - w(j),0);
                Di = max(w(j) - g(i),0);
                SD = [SD;[Si,Di]];
```

```
        end
end
SDP = [SD,E];

% number 函数
function[NP] = number(TDP)
[r,c] = size(TDP);
NP = [];
for i = 1:r
    M = [];% M 表示需求得到满足的部件
    T = TDP(i,1);
    [D,E] = sort(TDP(i,2:(c-1)));
    DE = [D;E];
    j = 1;
    while j >= 1&&j <= (c-2)
        if T >= DE(1,j)
            T = T - DE(1,j);
            M = [M,DE(2,j)];
        end
        j = j + 1;
    end
    NP(i,1) = numel(M);
end
NP = [NP,TDP(:,c)];

% together 函数
function[SDDP] = together(sdp1,sdp2)
[r1,c1] = size(sdp1);
[r2,c2] = size(sdp2);
u = sdp2(:,c2)* sdp1(:,c1)';
U = reshape(u,numel(u),1);
SDD = [];
for i = 1:r1
```

```
        SDD((i-1)*r2+1:i*r2,1)=sdp1(i,1)+sdp2(:,1);
        SDD((i-1)*r2+1:i*r2,2:(c1-1))=repmat(sdp1(i,2:(c1-1)),r2,1);
        SDD((i-1)*r2+1:i*r2,c1)=sdp2(:,(c2-1));
    end
    SDDP=[SDD,U];

%reliability 函数
function[r]=reliability(NP,n)
e=find(NP(:,1)>=n);
r=sum(NP(e',2));

%有资金限制的代码
%参数的基本信息
    g11=[3,2,0];p11=[0.6,0.2,0.2];w1=[4,2];q1=[0.7,0.3];
    g22=[5,4,0];p22=[0.5,0.3,0.2];w2=[2,0];q2=[0.6,0.4];
    g33=[4,1,0];p33=[0.7,0.2,0.1];w3=[3,1];q3=[0.8,0.2];
    c=[4,1,0];b=[0.8,0.1,0.1];
    cc=100;%费用
    c1=10;
    c2=8;
    c3=12;
    y=[];
    z=[];
    u=[];
    h=waitbar(0,'please wait...');%查看程序运行进度
    for i=1:3
        for j=1:4
            for k=1:2
                ccc=c1*i+c2*j+c3*k;
```

```
                x = [x;i];
                y = [y;j];
                z = [z;k];
                if ccc > cc
                    r = 0;
                else
                    [g1,p1] = performance(g11,p11,i);
                    [g2,p2] = performance(g22,p22,j);
                    [g3,p3] = performance(g33,p33,k);
                    r = kekao(g1,g2,g3,p1,p2,p3,w1,w2,w3,q1,
q2,q3,c,b);
                end
                u = [u;r];
                U = [x,y,z,u];
            end

        end
        waitbar(i/3);
    end
    a = U(:,4);
    [ma,I] = max(a);% 求解最优动员能力及其位置
    U(I,:)% 最优解

    % capacity 函数
    function[TDP] = capacity(SDDP,c,b)
    [r1,c1] = size(SDDP);
    c2 = length(c);
    p = b'* SDDP(:,c1)';
    P = reshape(p,numel(p),1);
    TD = [];
    for i = 1:r1
        TD((i-1)* c2 +1:i* c2,2:(c1 -1)) = repmat(SDDP(i,2:
(c1 -1)),c2,1);
```

```
        for j =1:c2
            TD((i -1)* c2 +j,1) =min([SDDP(i,1);sum(SDDP(i,
2:(c1 -1)),2);c(1,j)]);
        end
    end
    TDP =[TD,P];

    % element 函数
    function[SDP] =element(g,p,w,q)
    e =q'* p;
    E =reshape(e,numel(e),1);
    SD =[];
    for i =1:length(g)
        for j =1:length(w)
            Si =max(g(i) -w(j),0);
            Di =max(w(j) -g(i),0);
            SD =[SD;[Si,Di]];
        end
    end
    SDP =[SD,E];

    % number 函数
    function[NP] =number(TDP)
    [r,c] =size(TDP);
    NP =[];
    for i =1:r
        M =[];
        T =TDP(i,1);
        [D,E] =sort(TDP(i,2:(c -1)));
        DE =[D;E];
        j =1;
        while j > =1&&j < =(c -2)
            if T > =DE(1,j)
```

```
            T = T - DE(1,j);
            M = [M,DE(2,j)];
         end
         j = j + 1;
      end
      NP(i,1) = numel(M);
end
NP = [NP,TDP(:,c)];

% performance 函数
function[gg,pp] = performance(g,p,n)
w = g;
q = p;
z2 = 1;
for z1 = 1:(n - 1)
      for i = 1:length(w)
         for j = 1:length(g)
            w1(z2) = w(i) + g(j);
            q1(z2) = q(i) * p(j);
            z2 = z2 + 1;
         end
      end
      w = w1;
      q = q1;
      z2 = 1;
end
gg = w;
pp = q;

% reliability 函数
function[r] = reliability(NP,n)
e = find(NP(:,1) > = n);
r = sum(NP(e',2));
```

```
% together 函数
function[SDDP] = together(sdp1,sdp2)
[r1,c1] = size(sdp1);
[r2,c2] = size(sdp2);
u = sdp2(:,c2)* sdp1(:,c1)';
U = reshape(u,numel(u),1);
SDD =[];
for i = 1:r1
    SDD((i-1)* r2 +1:i* r2,1) = sdp1(i,1) + sdp2(:,1);
    SDD((i-1)* r2 +1:i* r2,2:(c1 -1)) = repmat(sdp1(i,2:(c1 -1)),r2,1);
    SDD((i-1)* r2 +1:i* r2,c1) = sdp2(:,(c2 -1));
end
SDDP =[SDD,U];

% kekao 函数
function r = kekao(g1,g2,g3,p1,p2,p3,w1,w2,w3,q1,q2,q3,c,b)
[SDP1] = element(g1,p1,w1,q1);
[SDP2] = element(g2,p2,w2,q2);
[SDP3] = element(g3,p3,w3,q3);
[SDDP1] = together(SDP1,SDP2);
[SDDP2] = together(SDDP1,SDP3);
[TDP] = capacity(SDDP2,c,b);
 [NP] = number(TDP);
 r = reliability(NP,3)
```

附录 II

供应主体链动员能力评估案例的 MATLAB 代码

```
function mode3()
clc
clear all
% - A1 到 B1 点 g 和 p -----------
flag =1;
g_A1B1 =[2000,1500,1000];p_A1B1 =[0.6,0.3,0.1];
g_A1B2 =[2000,1000,600];p_A1B2 =[0.6,0.3,0.1];
g_A1B3 =[1500,1000,300];p_A1B3 =[0.6,0.3,0.1];
g_A1B4 =[0,3,8];p_A1B4 =[0.2,0.3,0];

g_A1B =[g_A1B1;g_A1B2;g_A1B3;g_A1B4]';    %点 A1 到各个 B 的 g
p_A1B =[p_A1B1;p_A1B2;p_A1B3;p_A1B4]';
C_A1B =[1,1,1,0];    % A1 到 B 之间的通断

g_A2B1 =[13,8,2];p_A2B1 =[0.6,0.3,0.1];
g_A2B2 =[2500,2000,1000];p_A2B2 =[0.7,0.2,0.1];
g_A2B3 =[1500,1000,500];p_A2B3 =[0.7,0.2,0.1];
g_A2B4 =[15,10,3];p_A2B4 =[0.7,0.2,0.1];
```

```
g_A2B = [g_A2B1;g_A2B2;g_A2B3;g_A2B4]';   %点 A2 到各个 B 的 g
p_A2B = [p_A2B1;p_A2B2;p_A2B3;p_A2B4]';
C_A2B = [0,1,1,0];   %A2 到 B 之间的通断

g_A3B1 = [8,5,1];p_A3B1 = [0.6,0.3,0.1];
g_A3B2 = [10,9,2];p_A3B2 = [0.6,0.3,0.1];
g_A3B3 = [1200,1000,700];p_A3B3 = [0.5,0.3,0.2];
g_A3B4 = [800,600,300];p_A3B4 = [0.5,0.3,0.2];

g_A3B = [g_A3B1;g_A3B2;g_A3B3;g_A3B4]';   %点 A3 到各个 B 的 g
p_A3B = [p_A3B1;p_A3B2;p_A3B3;p_A3B4]';
C_A3B = [0,0,1,1];

g_B1C1 = [2000,1500,1000,600];p_B1C1 = [0.7,0.1,0.1,0.1];
g_B1C2 = [2000,1000,700,200];p_B1C2 = [0.7,0.1,0.1,0.1];
g_B1C3 = [9,6,2,0];p_B1C3 = [0.5,0.3,0.1,0.1];

g_B1C = [g_B1C1;g_B1C2;g_B1C3]';   %点 B1 到各个 C 的 g
p_B1C = [p_B1C1;p_B1C2;p_B1C3]';
C_B1C = [1,1,0];

g_B2C1 = [2300,1800,1200,800];p_B2C1 = [0.6,0.2,0.1,0.1];
g_B2C2 = [2300,1800,1200,800];p_B2C2 = [0.6,0.2,0.1,0.1];
g_B2C3 = [1500,1000,500,200];p_B2C3 = [0.6,0.2,0.1,0.1];

g_B2C = [g_B2C1;g_B2C2;g_B2C3]';   %点 B2 到各个 C 的 g
p_B2C = [p_B2C1;p_B2C2;p_B2C3]';
C_B2C = [0,1,1];

g_B3C1 = [2000,1500,1000,500];p_B3C1 = [0.5,0.2,0.2,0.1];
g_B3C2 = [2000,1400,800,400];p_B3C2 = [0.5,0.2,0.2,0.1];
g_B3C3 = [1800,1000,400,200];p_B3C3 = [0.5,0.2,0.2,0.1];
```

```
g_B3C=[g_B3C1;g_B3C2;g_B3C3]';    %点 B3 到各个 C 的 g
p_B3C=[p_B3C1;p_B3C2;p_B3C3]';
C_B3C=[1,1,1];


g_B4C1=[10,7,2,1];p_B4C1=[0.4,0.3,0.2,0.1];
g_B4C2=[10,9,2,0];p_B4C2=[0.3,0.3,0.3,0.1];
g_B4C3=[1000,800,600,500];p_B4C3=[0.5,0.3,0.1,0.1];

g_B4C=[g_B4C1;g_B4C2;g_B4C3]';    %点 B4 到各个 C 的 g
p_B4C=[p_B4C1;p_B4C2;p_B4C3]';
C_B4C=[0,0,1];


g_C1D=[2500,2000,1500]';p_C1D=[0.6,0.3,0.1]';C_C1D=1;
g_C2D=[4000,3000,2000]';p_C2D=[0.5,0.3,0.2]';C_C2D=1;
g_C3D=[3000,2400,1800]';p_C3D=[0.7,0.2,0.1]';C_C3D=1;


g_AB=[g_A1B,g_A2B,g_A3B];
g_BC=[g_B1C,g_B2C,g_B3C,g_B4C];
g_CD=[g_C1D,g_C2D,g_C3D];
p_AB=[p_A1B,p_A2B,p_A3B];
p_BC=[p_B1C,p_B2C,p_B3C,p_B4C];
p_CD=[p_C1D,p_C2D,p_C3D];

C1=[C_A1B;C_A2B;C_A3B]';
C2=[C_B1C;C_B2C;C_B3C;C_B4C]';
C3=[C_C1D;C_C2D;C_C3D]';
ii=size(C1,1);
kk=size(C2,1);
for i=1:size(C1,2)
    for j=1:size(C1,1)
            for l=1:size(C2,1)
                    for m=1:size(C3,1)
                        if C1(j,i)&&C2(l,j)&&C3(m,l)==1
```

```
                                A = chenfa(p_AB(:,j+(i-1)*
ii),p_BC(:,l+(j-1)*kk));
                                    POL(:,flag) = chenfa(A(:),p_CD
(:,1));
                                    B = gmin(g_AB(:,j+(i-1)*ii)*
0.95,g_BC(:,l+(j-1)*kk));
                                    Pg(:,flag) = gmin(B/0.7,g_CD(:,1));
                                    index1(flag,:) = [j,i];
                                    index2(flag,:) = [l,j];
                                    index3(flag,:) = [m,l];
                                    flag = flag +1;
                        end
                    end
                end
            end
        end

    g_max = max(Pg);
    for ii = 1:size(g_max,2)
            g_index_85 = find(Pg(:,ii) = = g_max(:,ii));
            result(:,ii) = sum(POL(g_index_85));
    end
            number_max = find(result = = max(result));    %最大的序号
            value_max = max(result);                       %最大值
    end

    %算子公式
    function yy = chenfa(a,b)
    for m =1:size(a,1)
    for n =1:size(b,1)
            yy(n+(m-1)*size(b,1),1) = a(m,1)*b(n,1);
    end
```

```
end
end

%算子公式
function yy = gmin(a,b)
for m = 1:size(a,1)
for n = 1:size(b,1)
    yy(n + (m - 1) * size(b,1),1) = min(a(m,1),b(n,1));
end
end
end
%算子公式
function yy = gplus(a,b)
for m = 1:size(a,1)
for n = 1:size(b,1)
    yy(n + (m - 1) * size(b,1),1) = a(m,1) + b(n,1);
end
end
end
```